Marie-Thérèse Journot

LE VOCABULAIRE DU CINÉMA

Sous la direction de Michel Marie

4e édition

ARMAND COLIN

Marie-Thérèse Journot est maître de conférences honoraire de l'université Sorbonne Nouvelle – Paris 3. Elle a publié *Films amateurs dans le cinéma de fiction* (Armand Colin, 2011) et *Le Courant de « l'esthétique publicitaire » dans le cinéma français des années 80 : la modernité en crise* (L'Harmattan, 2004).

Graphisme de couverture : Misteratomic

Armand Colin est une marque de
Dunod Éditeur, 11 rue Paul Bert, 92240 Malakoff

ISBN : 978-2-200-60163-8

http://www.armand-colin.com

À Orso et Héloïse, MPSBA

A

ACCÉLÉRÉ Trucage qui s'obtient par la projection à la vitesse standard (24 images par seconde depuis la fin des années 1920) d'images filmées à une vitesse inférieure.

ACCESSOIRISTE L'accessoiriste a pour tâche de rechercher ou de fabriquer des objets nécessaires aux décors d'un film.

ACCOLADE Dans le modèle de segmentation de Christian Metz (« la grande syntagmatique »), le syntagme en accolade est constitué par un montage discursif qui présente des plans sans relation chronologique ni alternance mais évoquant globalement la même idée : par exemple, dans *L'Impératrice rouge*, de Josef von Sternberg (1934), les images terrifiantes que la future souveraine, encore enfant, se fait de la Russie des Tsars.

▸ MONTAGE, SEGMENTATION.

ACCOMPAGNEMENT

1. Fond sonore musical qui accompagne le film.
2. Travelling d'accompagnement ▸ TRAVELLING.

ACOUSMATIQUE Le son filmique, diégétique ou non, est acousmatique : il n'est pas localisé dans l'image car on l'entend par l'intermédiaire des haut-parleurs. Il faut le synchroniser pour le « désacousmatiser », et permettre ainsi au spectateur d'associer les dialogues et les bruits à une source visuelle. Certains films jouent sur l'ambiguïté sonore avec des personnages cachés qui seront ultérieurement révélés, des voix appartenant à des fantômes, ou des voix sans référent : la voix de la mère dans *Psychose*, d'Alfred Hitchcock

(1960), ou les voix de narrateurs, comme celui du *Temps de l'innocence*, de Martin Scorsese (1993). Michel Chion les appelle des acousmêtres.

▶ Diégèse, Hors-champ, *In*, *Off*, *Over*.

ACTANT, ACTANCIEL ▶ Narratologie, Personnage.

ACTEUR Le terme est utilisé couramment au cinéma comme synonyme de comédien : celui qui joue un rôle, qui interprète un personnage, du premier rôle au figurant. À la différence du comédien, dont c'est le métier, il n'est pas toujours professionnel, et certains réalisateurs, certains mouvements emploient des acteurs non professionnels : ce fut le cas des cinéastes néoréalistes, qui utilisaient parfois uniquement des non-professionnels (De Sica pour *Le Voleur de bicyclette*, 1948) ou les confrontaient à des acteurs connus (Rossellini, dans *Stromboli*, 1951). Les amateurs jouaient ici leur propre rôle (pêcheurs, chômeurs), alors que chez Éric Rohmer, Maurice Pialat, Jacques Doillon, des amateurs peuvent être chargés d'interpréter certains personnages : Sandrine Bonnaire dans *À nos amours* (Pialat, 1983), Victoire Thivisol, âgée de quatre ans, dans *Ponette* (Doillon, 1996) et prix d'interprétation à la Mostra de Venise. Robert Bresson, lui, choisissait ceux qu'il appelait des « modèles » pour leur physique et leur capacité à être dirigés, sans recherche d'identification.

Plus encore qu'au théâtre, qui présuppose la nécessité d'un apprentissage, on oppose au cinéma les acteurs « naturels », qui paraissent s'identifier pleinement à leur rôle (Isabelle Adjani, Gérard Depardieu, Jean Gabin, Raimu), et ceux qui s'adaptent à des univers très différents (Dirk Bogarde, Robert De Niro, Isabelle Huppert, Michel Piccoli). Cette opposition est quelquefois le fait d'une absence d'imagination de la part des réalisateurs, ou de la frilosité de comédiens hésitant à changer de registre, mais elle est également le produit des contraintes très fortes du *star-system* et des réflexes commerciaux des producteurs.

▶ *Actors Studio*, Cinématographe, Personnage.

ACTORS STUDIO École d'acteurs fondée en 1947 par Kazan, Lewis et Crawford, puis dirigée par Lee Strasberg, et inspirée par le dramaturge et metteur en scène russe Stanislavski, consistant à rechercher la vérité dans l'expression par une analyse psychologique : l'acteur doit retrouver, dans son vécu, ses souvenirs, des sentiments ou des émotions qui lui permettront d'interpréter le personnage. Marlon Brando, James Dean, Robert De Niro, Paul Newman, Elizabeth Taylor ont ainsi été formés par ce qu'on appelle la « Méthode ».

ADAPTATION L'adaptation cinématographique recouvre, au sens large, des pratiques diverses, du ciné-roman à la novélisation. Dans son acception la plus usuelle, on utilise une œuvre littéraire pour la transposer au cinéma. Cela a été le cas, dès le début du XXe siècle, d'un très grand nombre de films adaptant pièces de théâtre et romans.

Dans les années 1920, certaines avant-gardes pensent que le cinéma doit constituer une nouvelle expression plastique, un art autonome. Des positions plus tempérées (Delluc, Epstein), qui sentent la nécessité d'une trame narrative, ne font pas de différence entre un scénario original ou adapté, tout en critiquant le « théâtre filmé », formule que Marcel Pagnol reprendra par provocation aux débuts du parlant, soutenant que le véritable auteur du film adapté est toujours l'écrivain.

C'est paradoxalement avec la Nouvelle Vague, qui cultive le goût pour la littérature, que la polémique prend fin : André Bazin défend l'« impureté » fondamentale du cinéma, tandis que François Truffaut, mettant en place la notion d'« auteur », s'attaque aux adaptateurs qui procèdent « par équivalence », inventant des scènes quand celles qui sont écrites leur paraissent impossibles à tourner.

Les relations au texte sont multiples. Si Truffaut se coule parfaitement dans l'univers d'Henri-Pierre Roché, dont il reproduit visuellement le style (*Jules et Jim*, 1961 ; *Les Deux Anglaises et le Continent*, 1971), Luchino Visconti ajoute une dimension historique à la nouvelle intimiste dont est adapté *Senso* (1954), et en transforme radicalement le système narratif. Plus récemment, Raul Ruiz (*Le Temps retrouvé*, 1999) et Chantal Akerman (*La Captive*, 2000) ont tenté de restituer l'écriture proustienne, ce qui ne constituait pas la visée de Volker Schlöndorff dans *Un amour de Swann* (1984).

La problématique traditionnelle de l'adaptation a pour objectif de décrire et d'analyser les modifications de lieux et d'époques ainsi que les transpositions au niveau des personnages ou des structures temporelles. La linguistique et la narratologie lui ont donné un statut théorique plus affirmé en lui permettant de se concentrer sur l'écriture et sur les processus signifiants qui sont mis en jeu par chaque mode d'expression, redistribuant les significations et rendant caduque l'hypothèse d'une « fidélité » au texte. Dans le sillage des travaux sur la réception, la recherche actuelle s'intéresse à la production de sens nouveaux susceptibles de modifier et d'enrichir le texte premier, et à l'emprise du contexte social sur les formes de représentation.

▶ Cinéma impur, Ciné-roman, Hypertexte.

ADRESSE À LA CAMÉRA Le regard à la caméra figure l'échange, la communication possible entre l'espace de la fiction, et donc de l'énonciation, et celui du spectateur. En cela, il est une figure interdite par le cinéma classique et l'esthétique de la transparence, excepté dans certains genres (la comédie musicale, par exemple), car il dénonce le simulacre du film. Les réalisateurs modernes l'utilisaient à cette fin, pour mettre à mal l'illusion référentielle, le cinéma postmoderne, friand de second degré, l'a érigé en clin d'œil au spectateur, levant le tabou. L'un des premiers, Gus Van Sant ouvre *Drugstore cow-boy* (1989) sur une interpellation du spectateur par le héros qui se pose en narrateur de multiples façons.

▶ Énonciation, Illusion référentielle, Quatrième mur.

AFILMIQUE Dans la terminologie de la filmologie (Étienne Souriau), est afilmique ce qui existe dans le monde, sans rapport avec l'art cinématographique. L'afilmique caractérise le documentaire par opposition au cinéma de fiction, marqué par le profilmique.

AMATEUR ▶ Film d'amateur.

AMORCE

1. La bande-amorce est le morceau de pellicule non impressionnée situé au début ou à la fin de la bobine.

2. Un personnage ou un objet est en amorce quand il est placé au premier plan, au bord du champ. C'est souvent le cas dans une conversation filmée en champ-contrechamp.

ANALEPSE ▶ *Flash-back.*

ANALOGIE L'analogie est constituée par le rapport de ressemblance existant entre des personnes ou des choses qui par ailleurs sont différentes. Depuis toujours, l'image a majoritairement recherché l'analogie, même si l'iconicité, le degré d'analogie, varie selon les techniques et les époques. La ressemblance est ainsi moins importante dans des images à fonction symbolique (par exemple, l'art du Moyen Âge fondé sur une représentation religieuse), que lorsqu'on leur attribue un référent dans le réel : c'est le cas de l'art occidental à partir de la Renaissance, conçu, grâce à la perspective linéaire, comme une « fenêtre ouverte sur le monde » (Alberti), puis de la photographie, et enfin du cinéma avec l'apparition du mouvement.

L'image n'est cependant pas le réel (*Ceci n'est pas une pipe*, René Magritte), et toute représentation procède de codes : elle est conventionnelle (elle résulte d'une règle, et non de la nature), et si Ernst H. Gombrich professe qu'« il y a des conventions plus naturelles que d'autres », notamment celles qui jouent sur les propriétés du système visuel, comme la représentation en perspective qui produit de forts indices d'analogie, d'autres théoriciens ne font pas de différence de degré et pensent que la représentation est toujours un mode de signification par symbolisation. La ligne du dessin ou le noir et blanc de la photographie n'existent pas dans la nature, et le mouvement au cinéma, qui induit si fortement l'« impression de réalité » (Christian Metz) n'est que celui du projecteur.

▸ Connotation, Dénotation, Figuration, Iconique/Plastique.

ANALYSE Étymologiquement, l'analyse est une décomposition : elle ne considère pas l'objet (le film) dans sa globalité, mais cherche à en repérer les divers éléments constitutifs pour dégager des systèmes d'organisation. La visée de l'analyse est théorique : il s'agit de décrire, d'expliquer, non d'évaluer et de juger, activités visées par la critique. Le choix d'un axe d'étude et d'une méthode est essentiel pour la pertinence de l'analyse.

Historiquement, les premières analyses ont été le fait de cinéastes (Eisenstein), mais c'est dans les années 1960 qu'avec l'essor du structuralisme se construit dans le champ cinématographique une sémiologie d'inspiration linguistique envisageant le cinéma comme un langage (Metz). Parallèlement se sont développées les analyses de films particuliers visant à établir leur structure interne, le système textuel qui les fonde (Bellour, Kuntzel). Cette approche perdure avec les analyses d'inspiration psychanalytique, avec la narratologie (Chateau, Gardies), l'étude des variations du point de vue (Branigan, Jost), le travail sur l'énonciation et son prolongement, et la pragmatique (Casetti, Odin).

L'approche sémiologique a évacué pendant un temps la visée esthétique de l'analyse : tout film était analysable en tant qu'échantillon de cinéma. Les enjeux de l'analyse subissent aujourd'hui un déplacement vers des considérations esthétiques avec une exploration des niveaux de signification laissés dans l'ombre par l'analyse structurale (Schefer, Aumont, Dubois).

L'analyse de films a connu par ailleurs une expansion considérable avec la publication, surtout à partir de la fin des années 1980, de centaines de livres consacrés à des films particuliers.

▸ Code, Découpage, Figurer, Segmentation.

ANAMORPHOSE Image déformée produite par un système optique afocal (sans distance focale), l'anamorphoseur, en complément de l'objectif. Alexandre Sokourov utilise ces distorsions dès *Mère et fils* (1997).

ANCRAGE/RELAIS Dans un texte fondateur de la sémiologie de l'image, « Rhétorique de l'image » (1964), Roland Barthes présente les fonctions d'ancrage et de relais comme les deux modes de relation entre texte et image. À partir d'une publicité pour la marque *Panzani*, il présente la notion d'ancrage : le message linguistique sert à guider le lecteur vers le sens. L'image est par nature polysémique, sujette à interprétations, et si l'image artistique joue quelquefois ouvertement sur le foisonnement des sens, l'image publicitaire et la photographie de presse se doivent de limiter l'interprétation pour atteindre leur objectif de communication : c'est à cela que servent le texte publicitaire, la légende du dessin ou de la photo, voire le titre du tableau.

Le message linguistique et l'image peuvent aussi être en rapport de complémentarité : dans l'image fixe, le texte peut prendre une fonction de relais en disposant des sens qui ne se trouvent pas dans l'image. Mais c'est au cinéma que cette parole relais est capitale : le dialogue fait avancer l'action, comme les cartons ou les intertitres dans les films muets. Le texte relaye l'image, donne des informations que le visuel ne peut apporter.

ANGLE DE PRISE DE VUES L'angle de prise de vues dépend de la position de l'objectif par rapport au champ et change avec les mouvements de la caméra. Quand la caméra est placée horizontalement, à hauteur de regard d'un homme, l'angle paraît « normal » (il faut cependant noter que la « normalité » est affaire de conventions). Le réalisateur peut filmer son sujet en plongée, en plaçant la caméra au-dessus, ou en contre-plongée, en la plaçant au-dessous, soit pour suggérer un regard vers le haut ou le bas, soit pour déformer la perspective. Filmés en contre-plongée, le héros de *Citizen Kane*, de Welles (1941), paraît encore plus grand et écrasé par l'espace, tandis que le château de Nosferatu dans le film de Murnau (*Nosferatu le vampire*, 1922) ressemble à un nid d'aigle.

▶ Énonciation, Point de vue.

ANIMATION L'animation se caractérise techniquement par la prise de vues image par image, le mouvement étant produit non en temps réel mais par la projection d'une suite de photogrammes. Les techniques sont diverses et se regroupent autour du dessin animé et de l'animation en volume (en anglais *stop motion*), auxquels il faut ajouter aujourd'hui les images de synthèse. L'origine du cinéma d'animation est antérieure à l'invention des frères Lumière (avec le Praxinoscope de Reynaud, notamment), mais, en 1908, Émile Cohl en redécouvre le principe pour le cinéma. Les champs d'exploration sont vastes : dessin ou papiers découpés en deux dimensions, film sans caméra, obtenu par grattage ou peinture sur pellicule (Norman McLaren), manipulation de sable, d'allumettes ou écran d'épingles (Alexandre Alexeieff), animation en trois dimensions de marionnettes, de figurines en pâte à modeler, ou pixillation, animation de personnages et d'objets réels.

Le film d'animation intéresse les théoriciens car il exploite au maximum les ressources de la figuration et, d'autre part, reflète les mutations du cinéma dans l'espace social. En cela il concerne tous les genres et tous les publics, du cinéma expérimental (Stan Brakhage) aux dessins animés pour enfants (de Disney à Pixar) ou encore aux films pour adultes : le succès de *Persepolis* de Marjane Satrapi en 2007, d'après sa bande dessinée qui retrace la vie d'une adolescente en Iran, et celui de *Valse avec Bachir*, dessin animé de Ari Folman en 2008, à la recherche de la mémoire perdue du massacre de Sabra et Chatila, en sont la preuve. À la frontière des deux publics, *Fantastic Mr. Fox* de Wes Anderson (2009) séduit par sa matière d'image : la manipulation des figurines (ou « poupées ») entre deux prises (*go motion*) a pour effet d'ébouriffer les fourrures, et participe au réalisme du mouvement. Par ailleurs, les avancées techniques de l'image de synthèse, en 2D puis en

3D, ont joué un rôle capital avec des films comme *Avatar*, de James Cameron (2009).

▶ *Motion capture.*

APLAT OU À-PLAT Terme de peinture désignant une couleur appliquée de façon uniforme. Au cinéma, le chef opérateur peut limiter les effets de relief grâce à l'éclairage, en particulier dans les films en couleur, qui s'y prêtent plus que le noir et blanc. Le cinéma français d'après-guerre utilise cependant des gris en aplats.

APPAREIL
1. La caméra, ou appareil de prise de vues, permet l'enregistrement des images.

2. Le projecteur, ou appareil de projection, effectue la projection des images sur l'écran.

ARCHIVE Lieu où l'on conserve, catalogue et restaure l'ensemble du patrimoine cinématographique (films, documents, objets...) en liaison avec une cinémathèque.

ARRANGEMENT La musique de film peut être le produit d'un arrangement de compositions musicales préexistantes qu'il s'agit d'adapter et de moduler en fonction de la bande image. Dans le cas d'une musique originale, un arrangeur peut être chargé d'augmenter et d'orchestrer la partition.

▶ Musique de film.

ARRÊT SUR IMAGE
1. Immobilisation du projecteur sur un photogramme.

2. Lors du tirage du film, multiplication d'un photogramme produisant l'effet d'une image figée. Dans *Les Affranchis* (1990), Martin Scorsese joue de l'arrêt sur image notamment pour accueillir les passages de commentaire *off*.

ARRIÈRE-PLAN Espace situé au fond du champ, derrière le sujet principal.

ART ET ESSAI C'est le label décerné depuis 1961 par le Centre national de la cinématographie (CNC) aux salles dont la programmation se fait en fonction de critères artistiques plus que commerciaux, et qui cherchent à promouvoir de nouveaux talents.

ART VIDÉO Dans les années 1960, les artistes vidéastes du mouvement Fluxus (Name June Paik, Volf Vostel) perpétuent la voie prise par les dadaïstes (Man Ray, Gerhard Richter) en expérimentant de nouvelles techniques qui vont bouleverser les arts plastiques et contribuer à l'éclatement de la conception traditionnelle de l'art. C'est ainsi que se développe un art vidéo, fondé sur l'enregistrement direct des images et des sons qu'on peut restituer immédiatement (en intégrant le spectateur à l'œuvre en train de se faire) ou en différé.

▶ Remploi, *VJ*.

A-SYNCHRONISME ▶ Synchronisation.

AUDIOVISUEL Étymologiquement, le terme désigne toute œuvre constituée par des images et des sons, ce qu'est donc le film. En théorie, le mot a longtemps servi à opposer le cinéma en tant qu'art à l'ensemble des productions visuelles, dont la télévision, ainsi qu'aux nouvelles approches économiques ou sociologiques déconsidérées par certains théoriciens.

AURICULARISATION ▶ Focalisation, Point de vue.

AUTEUR La question de l'auteur au cinéma a toujours posé un problème à la fois juridique, économique, esthétique et critique. À l'exception de quelques films expérimentaux dont toutes les étapes sont assurées par un créateur unique, le cinéma résulte d'une collaboration : c'est un art collectif, œuvre d'une équipe.

La définition juridique de l'auteur varie selon les pays. En France, la loi de 1957 sur la propriété littéraire et artistique considère comme coauteurs le scénariste, l'adaptateur, le dialoguiste, le compositeur de la musique et le réalisateur (auparavant, ce dernier était considéré comme un simple technicien). Le directeur de la photographie est l'auteur de ses images dans certains pays européens, comme l'Allemagne depuis 1985. Aux États-Unis, seule la société de production est juridiquement l'auteur du film. Cette question est indissociable du mode de rémunération. En France, le réalisateur perçoit une part de sa rémunération en salaire (comme technicien), une autre en droits d'auteur.

Dans la tradition critique française, la « politique des auteurs » promue dans les années 1950 par les journalistes des *Cahiers du cinéma* (Truffaut, Rivette, Rohmer...) consacre comme auteurs des réalisateurs qui font œuvre personnelle et singulière même dans un contexte de production standardisé comme celui d'Hollywood. Certains réalisateurs sont des auteurs (Renoir, Rossellini, Hitchcock, Hawks), d'autres n'en sont pas. La politique des auteurs s'est internationalisée, devenant notamment l'*author theory* dans les pays anglo-saxons (où l'auteur reste l'écrivain ou le scénariste).

On nomme en France « film d'auteur » des films, à budget souvent petit ou moyen, où la volonté d'expression personnelle du réalisateur l'emporte ouvertement (y compris en termes de promotion) sur les considérations commerciales liées au producteur ou aux vedettes. En ce sens, un film d'Hitchcock n'est pas un film d'auteur.

Si l'on considère que l'auteur est le responsable principal du film, on peut défendre l'idée de l'acteur comme auteur (Patrick McGilligan), du genre comme auteur, etc. On retrouve en narratologie les mêmes difficultés à cerner l'instance responsable du film, qui ne se confond pas avec une personne physique. Selon les théories et les époques, on parlera de grand imagier (Albert Laffay), de méga-narrateur (André Gaudreault) ou d'instance d'énonciation, de préférence au terme plus anthropomorphe d'énonciateur.

▶ Adaptation, Droits d'auteur, *Final cut*, Politique des auteurs.

AUTOCHROME Ce procédé photographique de prise de vues des couleurs fondé sur le principe de la synthèse additive fut commercialisé dès 1907 par les frères Lumière mais ne s'imposa pas au cinéma.

AUTOFICTION Le terme a été créé en 1977 par Serge Doubrovsky à propos de son roman *Fils*. Il définit l'autofiction, aussi appelée « roman personnel », comme un récit fondé sur la triple identité entre auteur, narrateur et protagoniste, combinant volontairement éléments réels et fictifs, à la différence de l'autobiographie qui repose sur un pacte de vérité (Philippe Lejeune), même si on peut penser qu'elle comporte elle aussi une part de fiction. La notion a fait débat, chaque récit organisant à sa manière le jeu entre réalité et fiction.

Au cinéma, Sophie Calle a filmé dans cette perspective d'un « cinéma personnel », mais à deux caméras, les péripéties d'un voyage en couple aux États-Unis (*No sex, last night*, 1996), Jonathan Caouette a tenté de recomposer une identité en morceaux à partir de photos et de films d'amateur (*Tarnation*, 2004) et Maïwenn a réglé ses comptes avec sa famille (*Pardonnez-moi*, 2006), en actrice à peine cachée sous une identité fictive, comme Xavier Dolan pour son premier film, *J'ai tué ma mère* (2009).

▶ FEINTISE, FICTION, RÉCIT.

AVANCE SUR RECETTE Aide financière apportée en France depuis 1953 à la production d'un film par une commission nommée par le ministre de la Culture. Dans le cadre de l'exception culturelle française, elle a pour objectif de favoriser un cinéma de qualité face au cinéma commercial.

AVANT-GARDE Ce terme, d'origine militaire, désigne à partir de la fin du XIXe siècle les mouvements artistiques novateurs en rupture avec les formes académiques ou classiques. Le cinéma d'avant-garde est donc un cinéma artistique, expérimental, quelquefois non narratif, esthétiquement et économiquement opposé au cinéma commercial.

En théorie du cinéma, « les avant-gardes » désignent les mouvements des années 1920 qui cherchèrent par des voies diverses à imposer le cinéma comme art : aussi bien les partisans d'un « cinéma pur », art autonome de formes en mouvement (Survage, Eggeling, Carrà), que les impressionnistes (L'Herbier, Epstein) ou les surréalistes (Buñuel), les formalistes soviétiques avec Eisenstein, Vertov, ou les plasticiens allemands. Plus tard, le lettrisme, l'*underground* new-yorkais, le cinéma issu du Nouveau Roman français constitueront des mouvements expérimentaux d'avant-garde.

▶ CINÉ-ŒIL, CINÉ-ROMAN, MODERNE, POSTMODERNE.

AVANT-PLAN Espace situé au premier plan, entre l'objectif et le sujet principal.

AXE L'axe optique est la ligne droite imaginaire reliant l'objectif au centre de l'image. Cette direction prise par la caméra peut changer pendant l'enregistrement du plan : on parle alors de changement d'axe.

▶ RACCORD.

B

BACKLIGHT Éclairage en contre-jour constitué de sources lumineuses placées en direction de la caméra derrière le sujet à filmer qui apparaît nimbé de lumière. C'est ainsi que le cinéma hollywoodien en noir et blanc des années 1930 à 1950 représentait ses stars féminines.

BACK PROJECTION ▸ TRANSPARENCE.

BANC-TITRE Table de tournage équipée pour tourner les titres (cartons, génériques, etc.) et pour la prise de vues image par image, en particulier pour le dessin animé et pour les documents fixes (photos, dessins…) à l'intérieur desquels la caméra peut se déplacer.

BANDE
1. La bande image est la partie du support pelliculaire où sont enregistrées les images, la bande son la partie où sont enregistrés les sons. Un montage en double bande fait défiler les deux bandes séparées de façon synchronisée. La bande internationale ou bande inter est une bande son ne comportant aucune parole, utilisée pour le doublage des films en langue étrangère. Toujours pour le doublage, la bande rythmo (rythmographique) est une bande transparente portant le texte à prononcer, accompagnée de repères et projetée en synchronisme avec l'image.

2. La bande-annonce est composée le plus souvent d'un montage des extraits les plus significatifs et attrayants du film destiné à son lancement en salles. Il s'agit aussi parfois de petits sketches comme pour plusieurs films d'Hitchcock (*Psychose*, 1960, *Les Oiseaux*, 1963) ou de Resnais (*On connaît la chanson*, 1997).

3. La bande originale constitue l'enregistrement pour le commerce de la musique du film, en général avant son montage (qui peut occasionner des coupes) et son mixage avec les sons d'ambiance et les dialogues.

BINGE WATCHING On nomme ainsi le visionnage compulsif de tous les épisodes d'une série, depuis les années 1990 et *Twin Peaks* (David Lynch).

BIOPIC Contraction de *biographical picture*, le *biopic* est une œuvre de fiction centrée sur la vie d'un personnage ayant réellement existé. Apparenté au film historique et au film en costumes, plus ou moins romancé pour satisfaire les goûts du public (*La Vie privée d'Elizabeth d'Angleterre*, Michael Curtiz, 1939, *Freud, passions secrètes*, John Huston, 1962, *Le Discours d'un roi*, Tom Hooper, 2010), le film biographique est devenu un genre cinématographique très populaire à partir des années 1980. Il s'agit souvent de superproductions engagées dans le *star-system* (*Shakespeare in love*, John Madden, 1998). Le genre englobe des œuvres très personnelles, dont ces deux biographies d'artistes qui constituent également des autoportraits en creux de leur auteur : *Edvard Munch, la danse de la vie*, de Peter Watkins, tourné en 1973 avec des non-professionnels, et le *Van Gogh* de Maurice Pialat (1991).

▶ Genre, *Heritage film*.

BLACKLIST ▶ Liste noire.

BLIND BOOKING ▶ *Block booking*.

BLOCK BOOKING Les maisons de distribution imposent parfois la réservation en bloc d'un lot de films aux exploitants. Avec le système du *blind booking* ou réservation aveugle, les exploitants n'ont pas le droit de visionner le film à l'avance, d'autant plus qu'il est alors souvent loin d'être terminé.

BLOCKBUSTER Film à très gros budget dont producteurs, distributeurs et exploitants attendent un grand succès commercial.

BOBINE Les bobines sont des noyaux cylindriques étanches à la lumière servant à embobiner le métrage de pellicule pendant le tournage du film, puis pendant sa projection. La bobine débitrice déroule la pellicule qui s'enroule sur la bobine réceptrice.

La longueur des bobines étant plus ou moins standardisée, on exprimait autrefois en nombre de bobines la dimension du film, qu'on a pris l'habitude de minuter : un film de 1 h 30 nécessite en moyenne cinq bobines de six cents mètres ou dix de trois cents. Pour procéder à la projection, en poste unique (système le plus répandu), l'opérateur monte les bobines sur un seul plateau, et les démonte à la fin, au lieu de passer d'un poste à l'autre.

BONIMENTEUR Dans le cinéma des premiers temps, le bonimenteur commentait souvent le film muet pendant la projection pour en assurer la compréhension et maintenir une présence sonore dans la salle.

BOUGÉ Effet de flou sur l'image, voulu ou non, provoqué par un déplacement très rapide du sujet par rapport à la vitesse d'obturation du diaphragme de l'appareil de prise de vues.

▶ FILÉ.

BOUT À BOUT Appelé aussi ours, c'est le premier montage des plans, dans l'ordre indiqué par le découpage.

BOUT D'ESSAI

1. En début de tournage, un bout de pellicule composé de quelques photogrammes est impressionné pour tester la qualité de l'image.

2. Au moment du *casting*, on peut demander à un comédien de tourner une courte scène pour évaluer ses capacités d'interprète et sa photogénie.

BOX-OFFICE Du guichet de location (le sens premier en anglais) où on comptabilisait les recettes obtenues par un film, le box-office est devenu la cote de popularité des films et des acteurs.

BRUITAGE Les bruits, sons autres que la musique et les voix, peuvent être obtenus au tournage en direct. On peut aussi les enregistrer au montage en faisant appel au fonds sonore d'une sonothèque ou en auditorium, par bruitage : le bruiteur reproduit les bruits des actions avec un matériel qui peut être très hétéroclite.

BUDDY MOVIE Film de « potes » fonctionnant sur un tandem désassorti dont les membres ne s'apprécient guère au début, le genre a fait la preuve de son efficacité commerciale aux États-Unis avec le duo comique de Laurel et Hardy, mais aussi *L'Arme fatale*, *Starsky et Hutch*, *48 heures*, et en France, où les grands acteurs comiques s'en donnent à cœur joie, de *La Grande vadrouille* à *La Chèvre* en passant par *Marche à l'ombre* et *Le Boulet*.

BURLESQUE Genre théâtral fondé sur l'enchaînement de blagues, généralement de mauvais goût, le burlesque devient à partir de 1910 l'un des premiers genres cinématographiques, avec les plus grands acteurs de cette génération, Max Linder, Buster Keaton, Harold Lloyd, Charlie Chaplin, Harry Langdon, plus tard les Marx Brothers. Le cinéma muet se prête merveilleusement à ce comique très visuel fait de poursuites échevelées, de gags endiablés fondés sur la pantomime, que mettent en valeur les gros plans et le montage rapide. Jerry Lewis et aujourd'hui Jim Carrey sont les continuateurs de ce style.

C

CACHE Ce trucage est constitué d'une feuille opaque utilisée à la prise de vues ou au laboratoire pour masquer une partie de la pellicule, qui n'est pas impressionnée. On s'en sert pour simuler une vision partielle, à travers un trou de serrure par exemple, et instaurer ainsi un cadre dans le cadre. Quand le cache est associé à un contre-cache (cache contre-cache), les découpes complémentaires permettent de réaliser des images composites. Un acteur peut ainsi jouer deux rôles, ou être filmé dans une partie du décor, la partie manquante étant une maquette peinte en profondeur, sur verre ou sur bois : la scène est alors tournée deux fois, avec, à chaque prise, un cache qui masque une partie du négatif.

Le cache mobile, appelé aussi *travelling matte*, est un effet proche qui se fait en laboratoire, pour lequel on filme un sujet devant un fond bleu ; au tirage, ce fond est supprimé pour intégrer les personnages au décor choisi.

CADRE Le cadre délimite la surface matérielle de l'image, un espace plat, bidimensionnel, à différencier du champ, espace de la représentation contenu dans le cadre, qui donne l'illusion d'être en profondeur, tridimensionnel, en particulier dans une image figurative. Comme l'indique la célèbre formule du théoricien de la Renaissance Alberti, le cadre ouvre une fenêtre sur le monde : il donne à voir l'espace imaginaire du tableau, de la photo, du film.

Si, dans la peinture ou la photographie, la forme du cadre et l'encadrement peuvent jouer un rôle très fort, soumis à une fonction symbolique et des conventions de genre, ce n'est pas aussi marquant au cinéma, encore que le format du film soit un indicateur du genre et du système de production (par exemple, le Cinémascope dans les années 1950). Récemment, certains films ont utilisé un format carré, comme *Les Hauts de Hurlevent*, adaptation d'Andrea Arnold (2011) ; dans *Mommy* (2014), Xavier Dolan choisit un étonnant format rectangulaire vertical dont les personnages ne parviennent pas à se libérer.

À la réalisation, le choix du cadre n'est jamais innocent. Plastiquement, il définit l'organisation formelle de l'image, et ce faisant, il en limite l'accès, car ce qu'il montre, le champ, est indissociable de ce qu'il cache, le hors-champ (André Bazin), induisant ainsi une lecture de l'image dont l'énonciation n'est pas toujours perçue par le spectateur : qu'il soit centripète, visant à montrer le monde diégétique comme totalité ou à enfermer les personnages, ou centrifuge, ouvert sur le hors-champ, le mouvement, la surprise, le cadre est toujours une forme révélatrice de l'esthétique.

▶ Champ, Contrechamp, Décadrage, Espace, Hors-cadre, Hors-champ.

CADREUR ▶ Directeur de la photographie, Opérateur de prises de vues.

CALIGARISME Le film de Robert Wiene, *Le Cabinet du docteur Caligari*, inaugura dans l'Allemagne de 1919 une esthétique cinématographique proche de l'expressionnisme pictural qui prit le nom de caligarisme à cause de l'immense succès du film. Les décors peints, très graphiques, dont les obliques accentuent les déséquilibres de l'image, le jeu outré des acteurs, le caractère angoissant des intrigues vont influencer ce qu'on appelle parfois le courant expressionniste et au-delà le film noir.

CALLIGRAPHISME Ce terme désigne un courant cinématographique des années 1940, en Italie. Opposé à la fois au cinéma des « téléphones blancs » de l'époque mussolinienne et à la tendance néoréaliste qui commence à se développer, il manifeste un goût pour la littérature et les sujets historiques qui s'accompagne de recherches formelles.

CAMÉO Apparition fugace d'une personnalité dans un film, souvent le réalisateur lui-même. Hitchcock en a fait une marque de fabrique, Quentin Tarantino aussi. Ce peut être aussi bien un acteur, notamment quand il s'agit d'un *remake*, un producteur, l'auteur du roman adapté, etc.

CAMÉRA Héritière de la *camera oscura*, chambre noire des peintres de la Renaissance, la caméra est l'appareil de prises de vues photographiques successives et en séries mis définitivement au point, à la fin du XIXe siècle, par les frères Lumière. Appelé Cinématographe, l'appareil fut rebaptisé caméra par les Américains.

Une caméra professionnelle comprend quatre parties essentielles : le moteur ; le système optique avec le viseur et les objectifs ; le ou les magasins contenant la pellicule vierge et la pellicule impressionnée ; le mécanisme d'entraînement.

La caméra vidéo enregistre l'image sur un support autre que la pellicule photographique (magnétique). Elle comporte essentiellement un objectif et des tubes analyseurs qui explorent l'image ligne par ligne et transforment les signaux lumineux en signaux électroniques.

La caméra vidéo numérique, ou DV (*digital video*), très légère et maniable, utilisée dans un premier temps par les documentaristes, a séduit les réalisateurs de fiction (parmi les premiers, Lars von Trier, Thomas Vinterberg, Claude Miller, Francis Ford Coppola, Sidney Lumet...) grâce à l'amélioration de sa qualité d'image.

CAMÉRA DE POCHE ▶ *POCKET FILM.*

CAMÉRA GOPRO Cette caméra miniature très maniable, étanche et équipée en Wi-Fi, a été créée en 2005 à l'usage des surfeurs californiens. Après avoir séduit les sportifs et les reporters, elle est aujourd'hui utilisée au cinéma.

CAMERAMAN ▶ OPÉRATEUR DE PRISES DE VUES.

CAMERA OSCURA Utilisée par les peintres à partir de la Renaissance, cette chambre noire, ancêtre de l'appareil photographique, se présente comme une boîte dont l'une des faces est percée d'une ouverture à travers laquelle pénètrent les rayons lumineux envoyés par les objets extérieurs dont l'image se forme sur un écran. On pense que Vermeer s'en servait pour composer ses tableaux.

▶ CAMÉRA.

CAMÉRA PORTÉE Prise de vues effectuée par l'opérateur, caméra à la main ou avec un harnais. L'apparition de caméras légères a favorisé cette technique, utilisée dans le cinéma direct, le perfectionnement des harnais (comme le Steadicam) l'a développée dans le cinéma de fiction.

CAMÉRA STYLO La formule, inventée en 1948 par Alexandre Astruc, souligne l'idée que le cinéma est devenu un moyen d'expression, un langage, au même titre que les autres arts, et que le réalisateur est un artiste qui se sert de la caméra pour s'exprimer comme le fait l'écrivain avec les mots. Cette valorisation du cinéaste, à une époque où primait la littérature, a servi de base à la notion d'auteur.

▶ POLITIQUE DES AUTEURS.

CAMÉRA SUBJECTIVE Ce procédé met la caméra à la place occupée par un personnage, de sorte que le spectateur a l'impression de percevoir ce que perçoit le personnage. En narratologie du cinéma, on l'appelle ocularisation interne en opposition à l'ocularisation zéro qui n'est pas associée à un personnage de la diégèse (François Jost). La plupart des films l'utilisent au cours du tournage – nous voyons par les yeux du *Voyeur* (Michael Powell, 1960) les femmes qu'il filme au moment où il les tue – et certains sont construits de bout en bout sur ce système : *La Dame du lac*, de Robert Montgommery (1947), met ainsi en place un personnage-narrateur par les yeux duquel nous voyons, et donc que nous ne voyons jamais, sinon quand il se regarde dans un miroir. En 1998, Philippe Harel a repris ce type d'ocularisation dans *La Femme défendue* dont il interprète le personnage masculin. On pourrait penser que ce procédé entraîne une forte identification du spectateur, dans la mesure où il redouble l'identification primaire à la caméra (nous nous identifions à l'œil de la caméra, qui est aussi l'œil d'un personnage), mais il s'avère qu'il est difficile de s'identifier à quelqu'un d'invisible et que l'identification secondaire ne peut pas vraiment avoir lieu. Le procédé a été renouvelé par les pastiches de films amateurs notamment dans les films de genre où il ne s'agit pas de s'identifier psychologiquement à un personnage mais de se trouver pratiquement sans médiation au cœur de l'action (*Cloverfield* de Matt Reeves, 2007).

Enfin on qualifie aussi de caméra subjective des plans qui n'ont pas pour origine le regard d'un personnage mais traduisent son état physique – flous pour un myope auquel on a retiré ses lunettes, de travers pour un homme ivre –, ou mental – plans courts et saccadés montrant un personnage poursuivi.

▶ DIÉGÉTIQUE, IDENTIFICATION, *NOBODY'S SHOT*.

CAMESCOPE Le camescope, contraction de caméra et magnétoscope, réunit les deux appareils. De moins en moins encombrant, il a séduit un public amateur. L'apparition du numérique a estompé l'écart avec le matériel professionnel.

CAMP On trouve les racines de l'esthétique *camp* dès les années 1970 dans les films de John Waters et de son actrice fétiche, Divine : travestissement, postures théâtrales et efféminées, outrance et mauvais goût revendiqué. Entre gay et punk, le *camp* a rejoint la subversion du mouvement *queer* en opposition à une représentation sociale hétéronormée. *Caravaggio* (Derek Jarman, 1986) met en scène une imagerie gay tandis que sont privilégiés l'ironie très deuxième degré dans la mention qui ouvre *The Doom generation* (1995) – « Un film hétéro par Gregg Araki » –, et l'aspect cabaret dans *Shortbus* (John Cameron Mitchell, 2005).

▶ *Gender studies*, *Queer*.

CAPTATION On parle de captation dans le cas du filmage d'un spectacle vivant (théâtre, danse, opéra, cirque...) pour servir éventuellement à une diffusion muséale ou télévisuelle. Longtemps destinée à une fonction de témoignage, d'archive, et artistiquement dépréciée – du spectacle « en conserve » –, la captation prend aujourd'hui une nouvelle dimension. Du théâtre (*La Bête dans la jungle*, *La Fausse suivante*) à l'opéra (*Tosca* et *Werther*), le réalisateur Benoît Jacquot renouvelle le genre en repensant ses partis pris esthétiques pour en faire des œuvres à part entière.

▶ Film opéra.

CAPTURE D'ÉCRAN ▶ Photogramme.

CARTON Le carton ou intertitre est à l'origine un plan arrêté d'un texte écrit sur un carton utilisé dans les films muets pour commenter l'action ou indiquer le dialogue. Il sert aussi à la composition des génériques.

CARTOON Ce terme anglais dérivé du français « carton » a désigné la bande dessinée, puis le film d'animation. Le cartooniste en réalise les dessins.

CASCADEUR Professionnel chargé de remplacer un acteur lors de scènes potentiellement dangereuses.

CASTING Le *casting* est la distribution des rôles pour un film, qui intéresse à la fois le réalisateur et le producteur. Le recrutement est en général dévolu à un directeur de *casting*, ou à plusieurs pour les films au budget important.

CELLULOÏD Jusque dans les années 1950, le support des films était en celluloïd (nitrate de cellulose, ou *film flam*), matériau inflammable dont l'usage a été interdit en France en 1961. On emploie cependant encore ce terme pour désigner le film lui-même.

Le cinéma d'animation utilise des feuilles de celluloïd superposées appelées cels.

CENSURE La censure, droit de regard d'une institution (étatique, religieuse ou autre) sur la production culturelle, peut prendre la forme d'une simple critique ou d'une interdiction, selon les lieux, les époques et les régimes politiques.

En France, où tous les films sont soumis à une autorisation de tournage puis à un visa de censure ou d'exploitation, le ministre de la Culture détient le droit de les censurer ; il s'appuie pour cela sur les avis délivrés par une Commission de contrôle. L'interdiction peut être totale ou partielle, limitée à une classe d'âge ou à un classement de salles (classé X) ; elle peut aussi toucher certaines scènes, images ou affiches.

Une forme de censure économique est liée actuellement au rôle grandissant des chaînes de télévision dans la production.

180° La règle des 180° a été élaborée au tout début du cinéma : lorsqu'on filme deux personnages qui se font face en champ-contrechamp, la caméra ne doit pas franchir la ligne fictive qui les réunit, formant un angle plat de 180°. Ainsi, les regards paraissent se croiser. Comme toutes les règles, celle-ci reste appliquée en général, mais elle connaît des exceptions.

CENTRE NATIONAL DE LA CINÉMATOGRAPHIE Créé en 1946, le CNC est placé sous l'autorité du ministère de la Culture pour gérer le Compte de soutien de l'État à l'industrie cinématographique et audiovisuelle, répartir les aides financières, développer l'accès aux films et l'implantation des salles par l'intermédiaire de l'Agence pour le développement régional du cinéma, ADRC, depuis 1983.

CHAMP Le champ est l'espace contenu dans le cadre, perçu à la fois comme une surface plate (celle de l'image, matérielle, en deux dimensions) et, dans le cas d'une image figurative, comme une portion d'espace tridimensionnel (en profondeur) imaginaire. Le cadre qui le délimite fonctionne comme un cache (André Bazin) en masquant l'espace sur les côtés, qu'on ne voit pas mais qu'on imagine : c'est le hors-champ. L'illusion de profondeur alliée à la perception que l'espace se prolonge au-delà des bords produit une forte impression de réalité.

▶ Cadre, Contrechamp, Décadrage.

CHASSE AUX SORCIÈRES ▶ Liste noire.

CHEVAUCHEMENT ▶ Synchronisme.

CHICK FLICK Littéralement film pour poulettes, s'adressant à de très jeunes femmes. Tous les genres sont représentés, de la comédie romantique à l'adaptation, avec les séries de la BBC inspirées de Jane Austen.

CHRONOPHOTOGRAPHIE À la suite des essais de Muybridge, le physiologiste Marey mit au point en 1882 un fusil photographique enregistrant douze images par seconde sur une plaque circulaire. Cet appareil, conçu pour produire une succession d'instantanés photographiques, servait à l'étude scientifique du mouvement. Peu après, Marey construisit un chronophotographe à pellicule mobile, précurseur de la caméra actuelle.

CHUTE Fragment de prise de vues ou de son qui n'a pas été retenu au montage, conservé pour rallonger éventuellement le plan.

CINÉASTE Ce terme a été utilisé par Louis Delluc pour désigner toutes les personnes qui travaillaient dans le cinéma. Aujourd'hui, il est devenu synonyme de réalisateur ou metteur en scène dans le milieu professionnel. À la différence de ces autres termes, il est aussi employé pour définir des pratiques non professionnelles : on parlera ainsi de cinéaste amateur.

CINECITTÀ Ce complexe cinématographique aux studios et laboratoires très modernes a été construit en 1936-1937 au sud-est de Rome sous l'impulsion de Mussolini pour relancer la production italienne et faire concurrence à Hollywood.

CINÉ-CLUB Le concept de ciné-club a été lancé en 1920 par Ricciotto Canudo et Louis Delluc qui réunissaient des amis autour de discussions sur le 7e art soutenues par des revues. En 1925, la *Tribune libre du cinéma* (Léger), suivie par *Les Amis de Spartacus* (Moussinac) en 1928, pose les véritables fondements de cette institution. Critiques, théoriciens, cinéastes organisent la projection de films inédits, méconnus ou interdits, et l'accompagnent de débats avec le public. À la Libération, la Fédération française des ciné-clubs est fondée en France, et en 1946, de nombreux pays étrangers y adhèrent. D'autres fédérations se constituent alors et continuent le travail militant pour un cinéma non commercial. L'essor du cinéma d'Art et Essai et la création à la télévision d'émissions spécialisées, parfois appelées elles-mêmes ciné-clubs, produisent ensuite une mutation : les ciné-clubs, concurrencés par les vidéoclubs, ne survivent guère aujourd'hui que dans le secteur socio-éducatif.

CINÉMA Abréviation de Cinématographe, le terme, très polysémique, désigne à la fois le procédé technique, la réalisation de films (faire du cinéma), leur projection (séance de cinéma), la salle elle-même (aller au cinéma), l'ensemble des activités de ce domaine (l'histoire du cinéma) et l'ensemble des œuvres filmées classées par secteurs : le cinéma américain, le cinéma muet, le cinéma de fiction, le cinéma commercial, le cinéma amateur, etc.

CINÉMA BIS Expression forgée dans les années 1960 pour promouvoir le cinéma populaire à petit budget souvent méprisé par la critique, ces « mauvais films… parfois sublimes » (Ado Kyrou). Elle recouvre des genres très divers, du fantastique et des films de vampire au péplum et au western italiens, jusqu'au kung-fu aujourd'hui.

CINÉMA D'ANIMATION ▶ ANIMATION.

CINÉMA DES PREMIERS TEMPS Appelé aussi primitif ou *early cinema*, le cinéma des premiers temps couvre la période qui va de l'invention du cinéma (1895) jusqu'à la Première Guerre mondiale.

CINÉMA DIRECT Les documentaristes canadiens du Québec (Michel Brault, Pierre Perrault…) sont les initiateurs d'un renouveau du documentaire au début des années 1960, suivis par les États-Unis et la France. La nouvelle manière d'envisager le documentaire est liée à l'apparition d'un matériel léger et synchrone de prise de vues et de son : l'opérateur intervient directement dans son enquête sur le réel, sans chercher à s'effacer, assumant tous les rôles, d'auteur à acteur. Le cinéma direct rend compte aussi de la méfiance de l'époque pour la fiction, jugée mystificatrice, et se veut révélateur de la vérité des hommes et du monde. C'est dans cette perspective que Pier Paolo Pasolini a tourné en 1964 *Enquête sur la sexualité*.

L'expression « cinéma direct » a remplacé celle de cinéma-vérité, forgée en 1960 par Jean Rouch, Michel Brault et Edgar Morin à propos de leur film *Chronique d'un été*, en hommage au *Kinopravda* du cinéaste soviétique Dziga Vertov.

CINÉMA GUÉRILLA Le terme *guerilla* (ou *guerrilla*) *filmmaking* qualifie aux États-Unis une manière de tourner du cinéma indépendant réinventée par les nouvelles technologies et les petites caméras digitales qui permettent de filmer avec les moyens du bord. Empruntant à des genres divers, les films ont en commun les modes de fabrication, de production et de diffusion – très petits budgets, acteurs non professionnels, tournages rapides sans autorisation mais quelquefois échelonnés sur des années –, et font connaître leurs projets via Internet et les réseaux sociaux. En France le mouvement a été initié par Djinn Carrénard avec *Donoma*, sorti en salle en 2011 et qui a obtenu le prix Louis-Delluc. L'année suivante est sorti *Rengaine* de Rachid Djaïdani. Bien d'autres cependant n'accèdent pas à la notoriété.

« CINÉMA IMPUR » Depuis ses débuts, le cinéma s'est nourri des autres arts : littérature, théâtre, mais aussi peinture ou opéra, ce qui l'a longtemps condamné à être considéré comme un art mineur. Certaines avant-gardes des années 1920 se sont appuyées sur la spécificité plastique du cinéma pour le constituer comme un art autonome, un art « pur ».

À l'inverse, le terme de « cinéma impur » est revendiqué par André Bazin dans un texte célèbre, « Pour un cinéma impur. Défense de l'adaptation » (1959).

▸ Adaptation, Auteur.

CINEMA NÔVO Le *Cinema nôvo* brésilien, comme les autres mouvements d'Amérique latine dans les années 1960 (*Tercer cine* en Argentine, avec Fernando Solanas), marque une rupture à la fois avec l'esthétique commerciale américaine, avec l'Europe et avec le cinéma d'URSS. Pour les cinéastes de ces courants, Ruy Guerra, Glauber Rocha (*Le Dieu noir et le diable blond*, 1963), il s'agit d'une entreprise de décolonisation idéologique pour laquelle le cinéma cherche à trouver des formes d'expression qui témoignent de la culture populaire nationale (l'épopée, le baroque, un certain primitivisme) tout en repensant le mode de production et de distribution.

CINÉMA PERSONNEL ▶ AUTOFICTION.

CINÉMA PRÉ-CODE Entre l'apparition du parlant et le dispositif de censure de la PCA (Production Code Administration) en 1934, communément appelé code Hays, les mœurs hollywoodiennes sont entachées de scandales à répétition et la liberté de ton de certains films, notamment en matière de sexualité féminine, font réagir les grands studios qui dressent une liste d'interdits moraux, religieux et sexuels. Cette subversion affichée, tant dans les images que dans les dialogues, sera désormais contenue et allusive dans les œuvres ultérieures.

▶ CODE HAYS, COMÉDIE DU REMARIAGE.

CINÉMA PRIMITIF ▶ CINÉMA DES PREMIERS TEMPS.

CINÉMA-VÉRITÉ ▶ CINÉMA DIRECT.

CINÉMASCOPE Le Cinémascope, procédé de cinéma sur écran large, exploité en 1953 par la 20th Century-Fox, reprend une invention de 1925 du professeur Henri Chrétien, l'Hypergonar. L'image est anamorphosée (comprimée) à la prise de vues, puis désanamorphosée (élargie) lors de la projection. Le format initial de 55 mm fut rapidement remplacé par du 35 mm.

CINÉMATHÈQUE Organisme chargé de rassembler, conserver et diffuser les films et les documents du patrimoine cinématographique et d'organiser des expositions et des projections.

La Cinémathèque française est l'une des premières cinémathèques nationales (1936). Elle est l'œuvre d'un cinéphile français, Henri Langlois, associé au cinéaste Georges Franju, qui récupère et entrepose chez lui les films muets mis au rebut à l'arrivée du cinéma parlant. Il projette et sauve pendant la guerre un grand nombre de films. Secrétaire général de l'association depuis les débuts, Langlois est mis en cause pour sa gestion, en 1968, par André Malraux, alors ministre de la Culture. Le pouvoir essaie de se débarrasser de lui mais recule devant la levée de boucliers que suscite ce projet. Par la suite, ses méthodes ont été très discutées.

▶ ARCHIVE.

CINÉMATOGRAPHE
1. Nom de marque de l'invention des frères Lumière.

2. Certains réalisateurs ont reproché à l'abréviation « cinéma » l'évolution commerciale de ce qu'ils revendiquaient comme un art et qui se traduit par l'abandon de la racine *graphein* en grec, qui signifie « écrire ».

Dans la conception de Robert Bresson, le « cinéma » se réduit au théâtre filmé : des acteurs professionnels jouent la comédie selon des normes théâtrales. À l'inverse, le « cinématographe » est l'enregistrement d'un réel non joué, sans acteurs (Bresson se servait de « modèles » au jeu fondé sur les automatismes), sans recours à la diction et à la gestuelle théâtrales.

CINÉMATOGRAPHIE Le terme désigne à la fois l'ensemble des techniques et des procédés cinématographiques et l'activité elle-même, qu'on peut envisager sur un plan géographique : cinématographie asiatique ou espagnole.

CINÉMATOGRAPHIQUE La distinction entre faits cinématographiques et faits filmiques a été élaborée en 1946 par Gilbert Cohen-Séat, dans le cadre de la filmologie. Le filmique est défini comme ce qui concerne l'esthétique de l'œuvre, son message, alors que le cinématographique recouvre d'une part ce qui dans le film relève des moyens d'expression propres à l'image mobile, d'autre part ce qui vient de l'aspect social, technique ou industriel du cinéma.

Dans *Langage et cinéma*, en 1977, Christian Metz reprend cette distinction en l'intégrant à sa réflexion sur les codes et propose pour chacune des trois notions les termes de « filmique » : ensemble des codes des films, spécifiques ou non au moyen d'expression (ainsi le code verbal est-il employé sans être spécifique au cinéma) ; « cinématographique filmique » : codes spécifiques au cinéma à l'intérieur du fait filmique (c'est le cas des mouvements de caméra) ; et « cinématographique non filmique » qui concerne tout ce qui a rapport à l'institution (production, technologie, audience...).

▶ Code, Filmologie, Sémiologie.

CINÉ-ŒIL Traduction du russe *kino-glaz*, ce terme est au cœur de la théorie de Dziga Vertov, qui prône dans les années 1920 un « ciné-déchiffrement communiste du monde ». Partant de l'idée que le cinéma est un instrument d'analyse du monde, mais que pour montrer, il faut avoir vu réellement, il conçoit l'opérateur de cinéma, le *kinok*, comme une sorte de super-œil. Son long métrage, *L'Homme à la caméra*, en 1929, constitue l'éblouissante démonstration de cette théorie.

CINÉ-ROMAN

1. À la fin des années 1910 et dans les années 1920, le ciné-roman était un film à épisodes dont le texte était reproduit chaque semaine dans la presse populaire.

2. L'esthétique du Nouveau Roman, qui se développe dans les années 1950, trouve avec quelques écrivains son prolongement dans l'expression cinématographique. Marguerite Duras, Alain Robbe-Grillet passent ainsi à la réalisation après avoir travaillé l'un et l'autre avec Alain Resnais, la première pour le scénario et les dialogues d'*Hiroshima mon amour* (1959), le deuxième pour *L'Année dernière à Marienbad* (1961). Les textes édités de cette collaboration prennent le nom de ciné-romans.

▶ Adaptation, Moderne.

CLAP Le clap ou claquette est composé de deux plaquettes de bois réunies par une charnière sur lesquelles on note les références du plan qu'on va tourner ou qu'on vient de terminer pour pouvoir l'identifier ultérieurement. Le *clapman* le fait claquer pour assurer la synchronisation du son et de l'image au montage.

CLASSIQUE Dans le sens courant, on qualifie de « grands classiques » les œuvres les plus marquantes, c'est-à-dire les plus remarquées selon le jugement de goût d'une époque.

En histoire de l'art, le terme désigne une période de l'histoire des formes dans laquelle on considère qu'un art a connu l'apogée de ses possibilités esthétiques. En théorie française du cinéma, le sens qui prévaut est marqué par la critique idéologique des années 1970, qui, à la suite d'André Bazin, a identifié le cinéma classique au cinéma hollywoodien à partir de 1920, au moment où la norme esthétique et idéologique définit un style mis au service de la narration et fondé sur la transparence, l'effacement des traces du travail du film. Dans cette acception du terme, la période classique s'arrêterait à la fin des années 1950, quand le développement de la télévision et l'émergence des « nouveaux cinémas » en Europe (en France, la Nouvelle Vague) remettent en question cette esthétique qui privilégie l'illusion de réalité. Cette notion est sujette à des variations selon les théoriciens et les pays.

▶ Moderne.

CLIFFHANGER Procédé narratif hérité du feuilleton qui fait rebondir le récit pour tenir en haleine le spectateur. Les séries l'utilisent systématiquement à la fin d'un épisode ; dans un film, l'alternance entre les moments forts et les séquences qui relâchent la tension est soulignée par ces rebondissements de l'intrigue, qui peuvent intervenir aussi bien dans un *thriller* que dans un film sentimental à la Jane Austen.

▶ *Serial.*

CLIMAX Anglicisme désignant le point culminant, le « pic » d'une intrigue, qui entraîne sa résolution, conçu pour susciter l'émotion du spectateur.

CLONAGE Procédé informatique qui sert à produire des images virtuelles à partir d'un acteur dont les mouvements et les expressions auront été préalablement enregistrés.

CLOSE UP Terme emprunté à l'anglais, qui désigne le gros plan d'un visage par opposition à insert, gros plan d'un objet.

CNC ▶ Centre national de la cinématographie.

CODE En théorie de l'information, le code est un système de signes, symboles, signaux, qui, par convention tacite (la langue) ou explicite (le code de la route), permettent la transmission de l'information (du message) d'un émetteur à un récepteur. Système de signes, c'est-à-dire combinatoire spécifique à un langage :

– le code produit des significations dans un langage donné : les signes vocaux ne produisent pas les mêmes significations dans le code linguis-

tique (phonèmes) et dans celui de la musique ; le trait, le point n'ont pas le même sens dans le code graphique, dans le code visuel, ou en morse ;
- un langage est une combinaison de codes : la langue est constituée des codes phonologique, sémantique, syntaxique... auxquels il faut ajouter les codes liés au contexte de communication (on ne s'exprime pas de la même façon dans son milieu professionnel et avec ses amis), à la classe sociale, etc.

Dans la conception du cinéma comme langage élaboré dans les années 1970, la notion de code a fait l'objet de débats entre Metz et Garroni, ce dernier soutenant l'idée que si la combinatoire est toujours spécifique, les codes ne le sont pas, alors que Metz distingue codes spécifiques, mixtes et non spécifiques. Cette classification est aujourd'hui pensée sous la forme de degrés de spécificité. Les codes spécifiques sont liés à la matière de l'expression (Hjemslev), c'est-à-dire celle du cinéma : le mouvement, les mouvements de caméra, en relèvent. Le montage, lui, peut se retrouver dans d'autres langages visuels (la bande dessinée, le roman-photo), comme les codes plastique et iconique, propres à l'image fixe ou animée. Le code linguistique (auquel appartiennent les dialogues), présent au cinéma, même muet (intertitres), ne lui est pas spécifique. Tout ce qui relève du thématique ou des codes culturels serait ainsi totalement non spécifique.

La narratologie a utilisé le terme de code non plus pour désigner un système général qui vaut pour tous les textes, mais pour rendre compte des systèmes internes aux textes, des combinaisons singulières de codes, autour de l'analyse par Roland Barthes de *Sarrazine*, de Balzac (*S/Z*, 1970). Barthes distingue dans cette nouvelle un système textuel (fondé sur le code référentiel, le code symbolique...) qui reste propre au texte comme le fera à sa suite Thierry Kuntzel pour le cinéma dans son analyse du début de *M le maudit*.

▶ Cinématographique, Expression, Filmologie.

CODE HAYS Code d'autocensure hollywoodien adopté en 1930, le « code de production » a notamment pour but de contrer les tentatives d'instauration d'une censure fédérale aux États-Unis ainsi que les multiples censures locales qui rendraient impossible de montrer un film dans le même montage d'un État à l'autre ou même d'une ville à l'autre. Son appellation française « code Hays » laisse entendre à tort que Will Hays, président de l'association des producteurs et distributeurs américains, l'a rédigé. Le code est réellement entré en vigueur en juin 1934 avec la création de la Production Code Administration (PCA) chargée de son application. Les studios s'engagent à ne sortir un film que s'il est validé par la PCA, moyennant quoi le film est visible par tous les publics. Le code veille au traitement du crime, de la drogue, de la sexualité, ainsi qu'à la décence des costumes et du langage ou au respect de la religion et des sentiments nationaux. Il a pour effet d'inciter les scénaristes et les réalisateurs réticents à développer l'art du sous-entendu. Progressivement contourné depuis le milieu des années 1950, le code est aboli en 1968 au profit d'un système de classification des films qui reste en vigueur aujourd'hui avec des remaniements.

▶ CINÉMA PRÉ-CODE.

COGNITIVISME Les sciences cognitives (psychologie cognitive, linguistique, recherche en intelligence artificielle, etc.) mettent l'accent sur la cognition, ensemble des structures et des activités psychologiques de l'homme visant la connaissance.

En théorie du cinéma, les cognitivistes s'intéressent à l'activité mentale du spectateur, aux procédures innées ou acquises qui lui permettent de construire le film (Bordwell, Branigan, Jullier).

▶ RÉCIT.

COLLURE Montage qui consiste à assembler deux fragments de film. Par extension, le terme peut aussi désigner le raccord d'un plan à l'autre sans effet de liaison (coupe franche, *cut*).

COLORIAGE Dans le cinéma primitif, le coloriage du film était effectué à la main avec des encres transparentes ou au pochoir avec une machine à colorier.

COLORISATION Traitement numérique de l'image apparu en 1983 et qui permet de transformer un film noir et blanc en un film « en couleur » pour sa diffusion télévisée : on colorie la première image de chaque plan, à l'aide d'une « palette » vidéographique, puis l'ordinateur colorie chaque image, en respectant les contours.

COMÉDIE Le terme désigne à l'origine toute pièce de théâtre, puis une pièce dont l'intrigue, vraisemblable, provoque le rire par la peinture des mœurs d'une époque, des travers et des ridicules d'un personnage. Le cinéma s'est emparé du genre, trop large pour être défini sinon par le désir d'amuser le public.

▸ *Slapstick, Screwball comedy, Sophisticated comedy.*

COMÉDIE À L'ITALIENNE La comédie à l'italienne a constitué un genre prolifique dans les années 1960 et 1970, et elle a marqué un renouveau du cinéma italien après les années néoréalistes. Caractérisés par le traitement comique de la situation dramatique dans l'Italie d'après-guerre, les films mettent en scène des personnages de ratés et d'exclus qui tentent des coups minables (*Le Pigeon*, Mario Monicelli, 1958), des héros paresseux, couards et vantards (Le *Fanfaron*, Dino Risi, 1962), fustigent les mœurs sexuelles (*Divorce à l'italienne*, Pietro Germi, 1962, ou *Le Lit conjugal*, Marco Ferreri, 1963). Ettore Scola parfait le tableau avec *Drame de la jalousie* en 1970 et surtout *Affreux, sales et méchants* (1976), critique au vitriol de la société italienne à l'heure des bidonvilles. Le genre s'appuie sur les plus grands acteurs de l'époque, Vittorio Gassman, Marcello Mastroianni, Alberto Sordi, Ugo Tognazzi.

COMÉDIE DU REMARIAGE En étudiant les comédies américaines classiques, le philosophe Stanley Cavell a mis au jour un genre inédit, révélateur de la société des années 1930 et 1940, qu'il a appelé « comédie du remariage ». Les scénarios mettent en scène les épreuves de couples séparés dont les désaccords portent souvent sur la place de la femme moderne, et qu'il s'agit d'unir de nouveau à la recherche d'autres formes possibles de bonheur et d'un *happy end* à la morale sauve. Il va sans dire que les obstacles sont nombreux (et séduisants), et que les subterfuges des uns et des autres font tout le sel des films, de *Cette sacrée vérité* (Leo McCarey, 1937) à *Madame porte la culotte* (George Cukor, 1949).

▸ Cinéma pré-code.

COMÉDIE MUSICALE La comédie musicale ou *musical* apparaît en même temps que le cinéma parlant et se développe jusqu'au début des années 1960. L'intrigue y sert parfois de pur prétexte à des numéros musicaux et chorégraphiques. Busby Berkeley, Stanley Donen (*Chantons sous la pluie*, 1952) ou Vicente Minnelli (*Un Américain à Paris*, 1951) sont parmi les réalisateurs américains les plus connus. Après *West Side Story* (Robert Wise, 1961), ce genre, un temps abandonné, réapparaît sporadiquement, notamment en France avec Jacques Demy (*Les Demoiselles de Rochefort*, 1967), Chantal Akerman (*Golden Eighties*, 1985), et plus récemment, avec un souci nouveau de prise en compte du réel, dans les films d'Olivier Ducastel et Vincent Martineau ou de Christophe Honoré. Woody Allen s'était essayé au genre en 1996 avec *Tout le monde dit I love you*.

COMÉDIEN, COMÉDIENNE Au cinéma, les comédiens sont des acteurs professionnels, qu'ils interprètent les rôles à l'image, qu'ils prêtent leur voix à des personnages d'animation ou qu'ils doublent les dialogues d'une version étrangère.

CONNOTATION Envisagée en opposition avec la dénotation, cette notion linguistique désigne l'ensemble des significations d'ordre second, symbolique, qui s'ajoutent aux significations littérales d'un signe. Elle est reprise en sémiologie de l'image par Roland Barthes dans « Rhétorique de l'image », en 1957. Analysant une publicité pour les pâtes *Panzani*, Barthes distingue le niveau dénoté produit par les codes de l'analogie, qui permet d'identifier les objets représentés, et le niveau connoté – la rhétorique de l'image – organisant les signes de connotation de l'« italianité » (par exemple, les couleurs rappelant le drapeau italien).

La connotation, en inscrivant dans le texte les sens symboliques, permet de caractériser les styles. Au cinéma, la couleur (le sépia qui connote le passé), l'angle de prise de vues (qui modifie l'objet), la forme de montage, peuvent apporter des significations symboliques ; les effets de caméra portée dans *Festen*, de Thomas Vinterberg (1998), connotent la référence au style du film de famille, alors que dans *Punishment Park*, de Peter Watkins (1971), ils font référence au style du reportage. Il ne faut pas oublier que le degré zéro, la transparence, véhiculent eux aussi des connotations : il s'agit dans ce cas de « naturaliser » l'image.

▸ ANALOGIE, SIGNE.

CONSERVATION Le support matériel du film, très fragile, nécessite des archives du film et des cinémathèques des moyens de conservation adaptés pour entreposer, indexer et restaurer les œuvres, les contretyper pour les sauvegarder.

CONTENU
1. Le contenu d'un texte ou d'un film désigne les faits qu'ils relatent, les idées qui y sont exprimées. Certaines approches (sociologique, historique, psychologique, etc.) ne s'intéressent qu'à cette dimension de l'œuvre, qu'exploite l'analyse de contenu.

Dans une approche esthétique, la notion de contenu, apparue au XVIIIe siècle chez Hegel, est indissociable de celle de forme, avec laquelle elle entretient une relation dialectique. Dans une visée artistique, la forme objective le contenu, en est le principe organisateur. Le contenu d'une œuvre n'est jamais indépendant de la forme dans laquelle il est exprimé.

2. En sémiologie, Hjemslev oppose contenu à expression comme Saussure le fait pour signifiant et signifié. Pour chacun de ces termes il distingue une matière et une forme. La matière du contenu est constituée des significations exprimées par un langage, indépendamment de sa spécificité, la forme du contenu étant ce qui structure ces significations.

▶ CONTENUISME.

CONTENUISME Par opposition aux formalistes russes qui privilégient la forme, les contenuistes utilisent des formes narratives traditionnelles pour les investir d'un contenu nouveau. Élaboré par le philosophe hongrois György Lukàcs, le concept de réalisme critique prône un mode narratif classique dont seul le contenu évoluerait.

▶ RÉALISME CRITIQUE.

CONTINU/DISCONTINU Le cinéma repose sur la discontinuité : d'une part entre les photogrammes successifs sur la pellicule, d'autre part entre les plans dans le montage. Cependant, dans sa forme majoritaire (le cinéma narratif représentatif), il tente le plus souvent de masquer cette discontinuité par la fluidité des raccords, qui atténuent les ellipses spatio-temporelles.

D'autres formes visent au contraire au maintien de cette discontinuité par le jeu de l'intervalle : à l'intérieur d'un même plan, on pourra opposer le régime du plan prolongé, qui insiste sur la continuité, à des plans heurtés, visant à produire un effet de discontinuité. Le cinéma expérimental a travaillé sur la continuité poussée à l'extrême (*Sleep*, 1963, où Warhol filme pendant plus de cinq heures un homme qui dort) ou, à l'opposé, sur la discontinuité (Kubelka).

▶ INTERVALLE, TRANSPARENCE.

CONTINUITÉ DIALOGUÉE Phase d'élaboration du scénario, la continuité dialoguée présente chronologiquement l'action en détaillant chaque scène et en indiquant les dialogues.

CONTRASTE Opposition de l'intensité lumineuse (luminance) entre les plages les plus claires et les plus sombres d'une photographie. Une image contrastée a des luminances très opposées.

CONTRAT DE LECTURE L'utilisation de ce terme se fait par référence à Kant, qui comparait au contrat social de Rousseau les relations que l'œuvre littéraire entretient à la fois avec son destinataire et avec l'ensemble de la littérature. L'esthétique de la réception (Jauss) et la pragmatique étudient comment la figure du destinataire est inscrite dans l'œuvre, c'est-à-dire comment celle-ci, par un ensemble de consignes, de références, explicites ou non, prédispose son lecteur/spectateur à un certain mode de lecture.

CONTRECHAMP Figure de découpage qui fait succéder à un premier plan le champ qui lui est spatialement opposé. Le montage en champ-contrechamp est souvent utilisé pour filmer une conversation : nous voyons successivement de face un interlocuteur, puis l'autre. Traditionnellement, la caméra ne doit pas franchir la ligne imaginaire qui réunit les personnages, pour que les regards donnent l'impression de se croiser.

▶ 180°.

CONTRE-JOUR Cet effet est réalisé en plaçant le sujet entre la caméra et la source lumineuse.

CONTRE-PLONGÉE ▶ ANGLE DE PRISE DE VUES.

CONTRETYPE Pour la sécurité et la conservation du négatif original, on établit un contretype à partir duquel on tire des copies.

COPIE Exemplaire du film obtenu par tirage à partir d'un élément positif ou négatif, à tous les stades de la fabrication du film. La copie de travail est montée à partir des *rushes*, la copie zéro est la première copie tirée d'après les négatifs image et son, la copie de série ou standard sert à l'exploitation. La copie télé est un tirage spécial pour la vidéo.

La copie lavande ou marron, destinée à la conservation de l'image en noir et blanc, sert à tirer des contretypes.

CORPS Le cinéma a toujours eu conscience que le corps humain était le support principal de l'action, et que sa représentation passait par le physique de l'acteur, l'expression de son visage, sa gestuelle, ses vêtements, etc. Mais ce n'est que depuis les années 1980 et les travaux de Jean-Louis Schefer qu'on s'intéresse à la figuration de ce corps – « homme ordinaire du cinéma » – et à la relation imaginaire entretenue avec le corps même du spectateur. La figuration singulière du corps au cinéma, détachée de la simple analogie, se constitue actuellement en objet de recherche (Amiel, Brenez).

▶ FIGURE.

COULEUR La photographie a expérimenté la couleur avant le cinéma, celui-ci se contentant, dans ses débuts, d'apporter la couleur par le coloriage de l'image (Méliès), puis le teintage ou le virage d'une partie de l'image ou de sa totalité. La reproduction des couleurs naturelles au cinéma par procédé additif ou soustractif à partir des trois couleurs primaires, rouge, vert et bleu, a été commercialisée avec le Technicolor et c'est vers 1955 que l'emploi s'est généralisé avec l'Eastmancolor. La couleur devient alors la norme au cinéma comme à la télévision, et dans les années 1980, on colorise les films classiques.

La couleur apporte un réalisme supplémentaire à l'image, bien que les spectateurs des premiers temps n'aient pas remarqué son absence et que ceux du Technicolor n'en aient pas saisi comme nous l'intensité artificielle. Elle permet de jouer sur les effets symboliques, sur les citations picturales ; en cela elle est essentiellement un moyen d'expression supplémentaire pour un projet esthétique.

▶ AUTOCHROME, COLORIAGE, COLORISATION, NOIR ET BLANC.

COUPE FRANCHE La coupe franche est le passage d'un plan à un autre sans effet de liaison.

Constitutive de ce qu'on appelle en théorie du cinéma le montage sec, elle comprend deux variantes, le montage sec ordinaire (sans effet) et le montage sec à effet quand il y a une rupture brutale entre deux segments. Cette forme de montage a été systématisée à partir des années 1960 par Jean-Luc Godard.

▶ *CUT*, PONCTUATION.

COURT MÉTRAGE Les définitions réglementaires et les modes de production et de diffusion du court métrage varient d'un pays à l'autre. En France, depuis 1964, les textes officiels définissent le court métrage par une longueur inférieure à 1 600 mètres, soit environ 58 minutes de projection (auparavant, cette longueur était de 1 300 mètres, soit environ 47 minutes). Projeté de façon obligatoire en première partie de séance dans les années 1940 à 1960 (d'où une production surabondante, principalement dans le documentaire), le court métrage s'est ensuite raréfié dans les salles françaises, et ses principaux lieux de diffusion sont les festivals et la télévision. Aujourd'hui, le court métrage permet à un cinéaste de faire ses preuves avant de passer au long métrage, mais il continue à être revendiqué comme une forme à part entière, au même titre que la nouvelle.

Le terme de « moyen métrage » n'a pas d'existence officielle mais est parfois employé pour des films de 40 minutes à 1 heure environ.

CRÉDIT Cet anglicisme désigne les attributions du générique et par extension, au pluriel, le générique lui-même.

CRITIQUE Le terme désigne à la fois l'art d'apprécier une œuvre – la critique –, le jugement porté sur cette œuvre – une critique – et l'ensemble des personnes qui se livrent à cet exercice – les critiques. La critique française de cinéma est apparue pendant la Première Guerre mondiale avec la rubrique de Louis Delluc dans *Paris-Midi*.

L'exercice critique, voué à l'information et à l'évaluation selon certains critères du jugement esthétique (le vrai, le beau...), se distingue en principe de l'analyse de films qui explicite le fonctionnement de l'œuvre et en donne une interprétation. L'activité critique est diversement exercée : dans de nombreux cas elle est limitée à une fonction informative, notamment dans les quotidiens et la presse non spécialisée, alors qu'elle devient de la critique d'art dans certaines revues spécialisées.

On peut considérer que certains critiques ont été des théoriciens implicites du cinéma : André Bazin, Barthélemy Amengual et plus récemment Serge Daney, en France, James Agee, aux États-Unis, Umberto Barbaro, en Italie.

▶ ANALYSE, ESTHÉTIQUE.

CULTURAL STUDIES ▶ *GENDER STUDIES.*

CUT Synonyme du français « coupe franche » (guère utilisé dans les salles de montage), ce terme signifie qu'on passe d'un plan à un autre sans effet de liaison (fondu, fondu enchaîné, volet...). On parle ainsi d'un montage *cut*.

Sur le plateau des films anglo-saxons, l'ordre « *Cut* ! » intimé par le réalisateur signifie « Coupez ! ».

▸ *Final cut.*

D

DÉCADRAGE Le décentrement d'éléments importants sur les bords du cadre, pratiqué par la peinture à la fin du XIXe siècle (Degas, Caillebotte), est employé pour obtenir une tension visuelle par un déséquilibre dans l'image. Le décadrage au cinéma peut être mis au compte de la diégèse (un personnage assumant le point de vue), ou se vouloir discursif, s'affirmer comme un choix du metteur en scène dans le cinéma moderne. Dans la scène centrale du *Mépris* (1963) entre Brigitte Bardot et Michel Piccoli, Jean-Luc Godard figure la distance en plaçant les acteurs sur les bords du cadre en format scope.

DÉCONSTRUCTION Ce terme de critique apparu chez le philosophe Jacques Derrida, puis dans les textes de Roland Barthes ou de Julia Kristeva, désigne une méthode d'analyse qui permet de mettre au jour, par la décomposition d'une œuvre en ses éléments constitutifs, le système de conventions idéologiques et rhétoriques qui la sous-tend.

Certaines tendances littéraires et cinématographiques des années 1970, le Nouveau Roman en particulier, ont cherché à déconstruire dans des récits de fiction les présupposés culturels et stylistiques fondés sur l'illusion réaliste. Le refus de représenter le monde comme un univers stable, homogène, continu, tel qu'il paraissait au XIXe siècle, le rejet du vraisemblable et de la profondeur psychologique des personnages aboutissent ainsi à une mise en question du mode narratif. Un exemple remarquable de ce type d'analyse a été écrit par Marie-Claire Ropars à propos de *Muriel* (1963) d'Alain Resnais.

Le concept de déconstruction se double d'une réflexion sur l'art engagée à la suite du poète Mallarmé et des peintres impressionnistes, à l'œuvre dans la peinture et la littérature (Joyce) du XXe siècle : la réalité de l'art est dans la pratique de son matériau. Il s'agit de dépasser une vision fonctionnelle du langage artistique, le sujet d'une œuvre n'étant autre que l'écriture même et ses mécanismes. Ainsi *Huit et demi* (1963), de Fellini et *Trans-Europ-Express* (1966), de Robbe-Grillet, figurent-ils des films en train de se faire.

▶ Dysnarratif, Illusion référentielle, Mise en abyme.

DÉCOR Envisagé au sens large comme cadre de la diégèse, le décor peut être construit spécifiquement pour le tournage d'un film ou préexister à celui-ci : on parle alors de décor naturel, qu'il s'agisse d'un tournage en extérieur ou en intérieur.

DÉCOUPAGE

1. Le découpage technique ou *shooting script*, document écrit généralement divisé en colonnes présentant plan par plan les images et les sons du scénario, est l'ultime phase avant le tournage du film et sert de référence à l'équipe technique. Selon les réalisateurs et les budgets, le découpage est plus ou moins précis et peut s'accompagner, totalement ou en partie, d'un *storyboard*, appelé aussi scénarimage.

2. Préalable méthodique à l'analyse filmique, le découpage décrit la structure du film réalisé, sa segmentation en grandes unités, plans, séquences ou syntagmes, selon le but que s'assigne l'analyste. Il doit pour cela définir des critères, dont l'application assurera la pertinence du travail.

3. La notion de découpage classique, fondement du montage narratif, consiste à découper une scène en plans successifs raccordés entre eux pour donner au spectateur l'impression d'une contiguïté spatiale et d'une continuité temporelle (Griffith). Elle est associée à l'esthétique de la transparence par opposition au cinéma conçu sur le montage (Eisenstein).

▶ Analyse, Montage, Segmentation.

DÉFINITION La définition d'une image consiste en sa qualité de netteté, qui dépend à la fois de la finesse de l'émulsion, du pouvoir séparateur de l'objectif, et du format de l'image. La définition d'un son consiste en la clarté de son enregistrement.

▶ Grain.

DÉICTIQUE Ce terme de linguistique désigne les marqueurs de l'énonciation (ou encore *shifters* ou embrayeurs). Ce sont des éléments qui, dans un énoncé, font référence à la situation dans laquelle cet énoncé est produit : les formes verbales, les adverbes de temps et de lieu (ici/là-bas, aujourd'hui/demain), les déterminants, les pronoms personnels (je/tu), ne prennent de sens, ne s'actualisent, que dans une situation de communication donnée.

La sémiologie du cinéma ayant cherché à construire ses modèles à partir de la linguistique, on s'est aperçu que certains procédés visuels s'apparentent à des déictiques : regard caméra, geste d'ostension, commentaire *off* paraissent construire la figure d'un locuteur qui s'adresserait à un destinataire. La plupart des théoriciens considèrent cependant que le cinéma ne connaît pas de déictiques (l'image n'est pas construite à partir d'éléments préexistants qui seraient actualisés) et qu'il produit ses propres marques d'énonciation.

DÉNOTATION En linguistique, ce terme désigne le sens littéral d'un mot, indépendamment des connotations qu'on peut lui ajouter.

La dénotation est caractérisée par sa dimension référentielle et, au cinéma, elle est le produit des codes de l'analogie visuelle et auditive permettant au spectateur de reconnaître et d'identifier les objets du monde, en dehors de toute subjectivité.

Le cinéma didactique, comme le discours scientifique en général, tend vers une pureté dénotative de l'image pour ne pas parasiter son message par des significations secondes. Mais, outre que l'image, lieu des associations d'idées et de l'imaginaire par excellence, paraît impossible à débarrasser de toute subjectivité, l'idée que la dénotation pure puisse exister même dans la langue est aujourd'hui fortement contestée.

▶ ANALOGIE, SÉMIOLOGIE, SIGNE.

DÉPÔT LÉGAL Une loi de 1943 stipule qu'un exemplaire de toutes les œuvres cinématographiques doit être déposé à la Bibliothèque nationale pour assurer leur conservation et leur protection. Elle est restée sans application jusqu'à un décret de 1977 qui a transféré ce dépôt au service des Archives du film du Centre national de la cinématographie (CNC).

DÉROULANT Plan en mouvement d'un texte écrit sur une bande défilant sur l'écran de haut en bas, de droite à gauche ou inversement, le déroulant peut servir à présenter le générique, mais aussi à commenter une action.

DESSIN SUR FILM Cette technique d'animation, où s'est illustré Norman McLaren, consiste à dessiner, peindre, graver, « graffiter » sur la pellicule, sans caméra.

DIALOGUE, DIALOGUISTE Les dialogues sont constitués du texte prononcé et échangé par les interprètes du film quelle que soit la technique d'enregistrement : son direct, postsynchronisation, doublage. Dans le cinéma muet, les cartons servaient à transcrire les dialogues. Dans certains cas, des dialogues écrits sur cartons dans la version originale sont traduits verbalement dans d'autres versions (*Gosses de Tokyo*, Ozu, 1932).

Le dialoguiste est le spécialiste qui prend en charge les dialogues quand le scénariste ne les assure pas. Le dialoguiste de doublage est un adaptateur qui traduit le dialogue original pour l'adapter aux mouvements des lèvres des acteurs.

DIAPHRAGME Disque composé de lamelles, placé au cœur de l'objectif et conçu comme la pupille de l'œil, il règle la quantité de lumière qui impressionne la pellicule. Les variations de son ouverture permettent de jouer sur l'éclairement, mais aussi sur la netteté de l'image : une grande ouverture minimise la profondeur de champ et isole un détail net sur un fond flou, tandis qu'à l'inverse, sa fermeture étend la zone de netteté de l'image, la profondeur de champ.

▸ FOCALE, IRIS.

DIÉGÈSE Ce terme d'origine grecque, *diegesis*, désignant le récit, était opposé par Platon et Aristote à la *mimesis* qui signifiait l'imitation. Tombé en désuétude, il a été réutilisé par Étienne Souriau en filmologie dans les années 1950.

La diégèse est le monde fictionnel que le spectateur construit à partir des données du film : données spatio-temporelles, personnages, logique narrative souvent définie au sein d'un genre s'appuyant sur sa conception du vraisemblable et sur des règles esthétiques. Ce monde fictif, parce qu'il est conçu le plus souvent à l'image de notre monde (qu'il représente le monde d'hier ou celui de demain), bénéficie d'un effet de réalité qui entraîne la croyance du spectateur, son adhésion, plus encore au cinéma qu'en littérature à cause de la richesse du signifiant filmique en indices de réel : mouvement, profondeur de l'espace, analogie visuelle et sonore.

Dans le cadre de la narratologie littéraire, Gérard Genette emploie le terme de diégèse dans son acception première et rappelle que le domaine de la *lexis* (façon de dire, par opposition au *logos*, ce qui est dit) se partage entre imitation (*mimesis*) et récit (*diegesis*). Le théâtre est un genre mimétique (les actions sont montrées, les dialogues sont prononcés par les personnages) alors que le récit (l'épopée, pour Platon) est un genre mixte : le plus souvent diégétique quand un narrateur raconte les actions, avec de brèves incursions de *mimesis* quand il laisse la parole aux personnages. Pour les narratologues qui s'inspirent de cette théorie, le cinéma est conçu lui aussi comme un genre mixte dans la mesure où à un premier niveau de monstration (représentation des actions) se superpose une organisation en récit au niveau du filmage et du montage, un discours produit par l'instance énonciative du récit, grand imagier (Laffay) ou méga-narrateur (Gaudreault).

▶ Énonciation, Naturaliser, Réalisme, Récit.

DIÉGÉTIQUE, DIÉGÉTISÉ La diégèse constituant l'univers de la fiction, ce qui appartient à cet univers est dit diégétique ou intradiégétique, ce qui lui est extérieur est dit extradiégétique. Une prise de vues, un cadrage qui ne semblent pas neutres (forte plongée, cadre qui vacille) sont dits diégétisés quand, au lieu de renvoyer à l'énonciation, ils paraissent mis au compte d'un personnage, de la situation diégétique (le regard d'un personnage, son état physique).

À cette distinction fondamentale sur le plan de la narration, il est ajouté une opposition concernant la voix du narrateur, homodiégétique si le narrateur est aussi un personnage de la diégèse : les narrateurs de *Casino* (1995), de Martin Scorsese, dont l'un parle pourtant de l'au-delà, comme celui de *Boulevard du Crépuscule* (1950), de Billy Wilder, ou hétérodiégétique s'il n'y apparaît pas – la voix de commentaire du *Temps de l'innocence* (Scorsese, 1993).

▶ Discours, *Off*, Son.

DIGITAL Synonyme de numérique.

DIFFUSION

1. Atténuation de la netteté de l'image à la prise de vues obtenue par des filtres ou différentes matières posées devant les projecteurs (par exemple, du tulle).

2. Mise en circulation d'un film, au cinéma, à la télévision, en cassette vidéo ou en DVD.

DIRECTEUR DE LA PHOTOGRAPHIE Il est responsable de l'image et des éclairages. On l'appelle aussi chef opérateur des prises de vues et, autrefois, cadreur ou cameraman.

DISCOURS Initialement, le discours est l'expression de la pensée par le langage verbal dans sa forme actualisée, la parole, par opposition à la langue. La sémiologie ayant élargi la notion de langage à tout type de productions sociales faisant naître du sens, on a employé le terme au cinéma.

Le linguiste Émile Benveniste utilise le terme de discours dans une opposition avec le récit (ou l'histoire). Il caractérise le discours par la présence de marques d'énonciation (les déictiques) supposant un locuteur qui s'adresse à un destinataire, alors que le récit est en quelque sorte le degré zéro de l'énonciation : tout se passe comme si les événements se racontaient d'eux-mêmes, sans instance racontante. Or, tout texte écrit ou filmique, fictionnel ou documentaire est organisé par quelqu'un, à la différence du réel « qui n'est proféré par personne » (Metz), même si les traces du dispositif énonciatif y sont masquées : ce n'est jamais la réalité que nous voyons, mais un discours tenu sur la réalité. On peut dire ainsi que si le discours n'est pas toujours du récit, le récit, lui, est toujours du discours, mais un discours plus ou moins marqué. Le cinéma classique, les formes réalistes, effacent les traces discursives, alors que le cinéma moderne les affiche.

▶ ÉNONCIATION, NATURALISER, TRANSPARENCE.

DISCURSIF ▶ DISCOURS.

DISPOSITIF Le dispositif cinématographique est constitué de la salle, de l'écran et de la cabine de projection située dans le dos des spectateurs et projetant le film par-dessus leur tête.

De cette organisation matérielle de la projection – « l'appareil de base » (Jean-Louis Baudry) –, qui n'est pas sans rappeler les conditions du mythe de la caverne de Platon, découlent des effets au niveau de la réception du film par ses spectateurs. L'obscurité de la salle, l'immobilité du spectateur, l'impression de réalité produite par le mouvement (Metz), l'identification primaire à l'œil de la caméra provoquent un état psychique très particulier, voisin du rêve tel qu'il a été présenté par la théorie freudienne, et expliquent la fascination et la forte identification suscitées par le cinéma.

DISTANCIATION La nécessité d'une distance entre une œuvre et son destinataire est une idée régulièrement émise au cours du XXe siècle par la théorie de l'art. Pour les formalistes, qui privilégient la novation des formes, l'œuvre d'art produit cette distance par son « étrangéité », terme qui recouvre à la fois l'étrangeté et le caractère de ce qui est étranger, par opposition au quotidien.

Dans une perspective idéologique, Bertolt Brecht définit ainsi le concept de distanciation sur lequel se fonde sa théorie du théâtre épique : « Une représentation distanciée est une reproduction qui permet de reconnaître l'objet reproduit mais en même temps de le rendre insolite ». Le dispositif de la représentation, dont le caractère artificiel est souligné, cherche à éviter toute adhésion du spectateur qui serait fondée sur l'émotion et l'identification pour au contraire susciter une réflexion, éveiller l'activité intellectuelle. Cette distance critique est posée ici comme préalable à une prise de conscience de la situation socio-politique. Au cinéma, les mises en scène très différentes de *Tout va bien* de Jean-Luc Godard (1972), *Souvenirs d'en France* d'André Téchiné (1974), ou *Dogville* de Lars von Trier (2003), illustrent cette conception du récit.

DISTRIBUTION

1. La distribution se présente comme l'étape intermédiaire entre la production et l'exploitation en salles. La maison de distribution négocie les droits d'exploitation du film au producteur pour une période donnée et se charge d'en assurer la promotion et la diffusion en salles.

2. Le terme désigne aussi les opérations de *casting* et, par extension, l'ensemble des interprètes d'un film.

DOCUMENTAIRE La distinction entre documentaire et fiction existe depuis les origines du cinéma et les premiers catalogues des firmes de distribution. Dans l'acception courante, le film documentaire renvoie au réel, en restitue l'apparence ; qu'il soit un reportage, un film d'art, un film scientifique, il arbore le plus souvent un caractère didactique et informatif qui vise à donner à voir les choses et le monde tels qu'ils sont.

Cependant, la fiction présente elle aussi du réel : film après film, on peut par exemple noter les transformations d'une ville. Dans le documentaire, le choix de ce qui est montré et de ce qui est monté, la scénarisation, la mise en scène, même minimales, excluent la croyance en la reproduction d'un réel brut (et que dire de Robert Flaherty tournant une deuxième fois *Nanouk l'Esquimau*, 1922, parce que son premier film avait brûlé ?).

La réflexion sur le cinéma documentaire emprunte deux directions : soit on cherche à définir les caractéristiques internes qui le différencient de la fiction, mais la multiplicité des formes documentaires au sein de l'histoire du cinéma contribue au flou de la définition, car les frontières ne sont pas étanches ; soit on aborde la question en termes de réception, et c'est la voie de la sémio-pragmatique (Odin) qui tente de déterminer quelles consignes de lecture institutionnelles amènent le spectateur à adopter un mode de lecture documentarisant plutôt que fictionnalisant.

DOGMA, DOGME En 1995, Lars von Trier et Thomas Vinterberg signent un manifeste intitulé « Vœu de chasteté », dont les règles visent à dépouiller le cinéma de toute considération esthétique : tournage en extérieur sans éclairage ni filtre, son direct, caméra à l'épaule, récit dénué d'action spectaculaire et sans ellipse. Les premiers films produits en 1998 dans ce cadre sont *Les Idiots*, de von Trier et *Festen*, de Vinterberg.

DOLLY La dolly ou *crab dolly*, mise au point dans les années 1940, est un chariot accompagné d'une petite grue d'élévation qui supporte l'opérateur et permet d'effectuer des pano-travellings ou des recadrages en hauteur.

DOUBLAGE Le doublage est le remplacement d'un dialogue original par sa traduction dans une autre langue.

Dans un premier temps, les répliques sont traduites par un dialoguiste de doublage qui repère les mots convenant le mieux aux mouvements des lèvres, puis les comédiens, aidés par la bande rythmo en bas de l'écran, prononcent les dialogues en s'efforçant de faire coïncider les mouvements labiaux avec ceux des interprètes du film.

DOUBLE SCÈNE ▸ MONTAGE DANS LE PLAN.

DRAME Dès les débuts du cinéma, le terme est employé en opposition avec comédie et documentaire pour définir une action pathétique dans laquelle s'affrontent des personnages inscrits dans un cadre réaliste. Le genre est décliné, notamment dans les *Histoires du cinéma*, en drame historique, drame mondain ou sentimental, drame psychologique (*Le Jour se lève*, Marcel Carné, 1939), drame social (*Les Plus belles années de notre vie*, William Wyler, 1946), mélodrame (*Mirage de la vie*, Douglas Sirk, 1958) ou encore comédie dramatique (*À nos amours*, Maurice Pialat, 1983). Comme tous les classements, celui-ci sert avant tout à informer le spectateur, notamment dans les guides des spectacles, mais aussi à produire des effets de distinction (Bourdieu), la critique ayant tendance à mieux considérer les cinéastes qui réalisent des drames que ceux qui sont spécialisés dans la comédie.

▶ GENRE.

DRIVE-IN Cinémas en plein air où l'on assiste à la projection sans quitter sa voiture tout en se restaurant. Très appréciés à partir des années 1950 en Amérique du Nord, ils sont appelés ciné-parcs au Québec.

DROITS D'AUTEUR En complément du droit moral garanti en France par la propriété artistique, il s'agit des droits à rémunération des différents auteurs du film – du scénariste et du dialoguiste au réalisateur et au compositeur – lors des diverses utilisations de leur œuvre, des ventes du film dans sa globalité aux exploitations du texte ou de la bande son.

DV (DIGITAL VIDEO) ▶ CAMÉRA.

DYSNARRATIF Le terme a été employé à l'origine par Alain Robbe-Grillet dans le cadre du Nouveau Roman pour qualifier la forme de ses récits, romans ou films. Il désigne une contestation du récit par lui-même, dans l'objectif de rompre avec l'illusion de réalité qui gouverne la littérature et le cinéma réalistes (l'« illusion référentielle ») et d'affirmer la primauté de l'écriture, le travail du signifiant, sur la représentation du monde. Il se présente comme l'une des formes du cinéma moderne.

Face à un récit dysnarratif, par nature déceptif, le lecteur ou spectateur doit redéfinir sa relation au texte, car l'arbitraire du récit, ses lacunes, l'absence de consécution et de logique des actions, sont impossibles à aborder avec un mode de lecture fictionnalisant. *L'Homme qui ment* (1968), de Robbe-Grillet, voit son narrateur modifier en permanence l'histoire qu'il raconte en voix *off*, de sorte qu'on ne sait plus où est le vrai : mais le vrai, précisément, n'appartient pas à la fiction.

▶ DÉCONSTRUCTION, MODERNE, MONTAGE.

E

ÉCHELLE DES PLANS L'échelle des plans est censée rendre compte de la distance de la caméra par rapport au sujet filmé. La typologie est approximative et pose quelquefois des problèmes concrets difficiles à résoudre. De même, la terminologie employée pour désigner les grosseurs de plan est assez variable : c'est avant tout un outil technique de préparation du film.

Du point de vue du décor, on distingue généralement le plan général (ou plan de grand ensemble) qui présente un espace très vaste (cela se fait traditionnellement au début des westerns, par exemple), le plan d'ensemble qui couvre un décor de grandes dimensions mais plus limité et le plan de demi-ensemble qui n'en retient qu'une partie.

En ce qui concerne les personnages, le plan moyen les cadre en pied, le plan américain à mi-cuisse, le plan rapproché à la hauteur de la taille ou de la poitrine, le gros plan à la hauteur du cou. Le très gros plan isole une partie du visage (les yeux, la bouche...), tandis que l'insert désigne plutôt un très gros plan d'objet (l'anglais différencie d'ailleurs *close up*, pour les visages, et *insert*).

À partir de cette nomenclature, on peut imaginer le casse-tête que constitue le plan d'un personnage en pied dont le cadre coupe la tête, et les tergiversations quant à la grandeur de l'espace représenté dans une rue très étroite.

ÉCLAIRAGE Lors du tournage, le directeur de la photographie organise les sources lumineuses, en intérieur ou en extérieur, de façon à obtenir l'effet recherché par le metteur en scène : un éclairage diffus ou au contraire contrasté, une lumière qui dramatise la scène ou qui paraisse naturelle.

Pour des raisons à la fois économiques et idéologiques, certains mouvements comme le néo-réalisme, la Nouvelle Vague, ont privilégié le recours à des sources d'éclairage naturelles ou à un matériel électrique plus léger.

ÉCRAN L'écran, surface blanche plane réfléchissant la lumière sur laquelle on projette l'image filmique, peut être constitué de matériaux divers et présenter des formes variées (écran courbe, hémisphérique, triple écran, etc.).

On a opposé en France pendant longtemps le « grand écran », le cinéma, au « petit écran », celui de la télévision. Depuis quelques années, avec la participation accrue des chaînes dans le financement du cinéma, les réalisateurs n'hésitent plus à présenter leurs films en avant-première à la télévision.

EFFET Le terme, très général, désigne tout procédé marqué visant à obtenir une réponse d'ordre émotionnel chez le spectateur. L'effet, visuel ou sonore, peut être produit par l'éclairage (une lumière dramatique délimitant nettement des zones signifiantes, par exemple), la mise en scène, ou le montage (l'effet peut être aussi bien obtenu par une rupture visuelle ou sonore brutale qu'à l'inverse, par un procédé optique, un effet de liaison).

▶ Coupe franche, Ponctuation.

EFFET DE LIAISON On appelle effets de liaison ou effets optiques tous les trucages permettant de relier deux plans ou deux séquences autrement que par une coupe franche : les fondus (fondu d'ouverture, fondu au noir, fondu enchaîné), les volets (ou rideaux), les ouvertures ou fermetures à l'iris.

Cependant, les effets de liaison ne sont pas toujours réalisés par trucage : ainsi le « filé », panoramique filé, obtenu par un mouvement de caméra très vif.

▶ Effets spéciaux, Ponctuation, Segmentation, Trucage.

EFFET DE RÉALITÉ/EFFET DE RÉEL L'opposition entre « effet de réel » et « effet de réalité » s'inscrit dans le courant critique de la déconstruction, dans les années 1970 (Derrida, Oudart).

L'« effet de réalité » qualifie l'effet produit par les codes analogiques de toute image figurative, quel que soit le degré de ressemblance qu'elle entretienne avec le réel, tandis que l'« effet de réel » désigne la croyance entretenue chez le spectateur par les modes de représentation par l'image issus de la Renaissance (en particulier, la perspective, que reproduisent mécaniquement appareil photo et caméra). Ces modes de représentation, qui s'appuient sur un fort degré d'analogie (une figuration très ressemblante de notre monde), induisent un jugement d'existence chez le spectateur qui pense que ce qu'il voit a un référent dans le réel, que le monde « fonctionne » bien comme l'image ou le film le proposent : il croit, non pas à la fiction qui se déroule devant lui, mais à l'authenticité de son discours sur le monde.

Le cinéma des années 1970, de Godard aux frères Taviani, a cherché, pour des raisons idéologiques, à éliminer cet effet de réel.

▶ Figuration, Réalisme.

EFFET-FICTION L'effet-fiction, tel qu'il est présenté par Christian Metz (1975), témoigne de l'état spectatoriel voisin à la fois du rêve, de la rêverie et de la perception réelle caractéristique de la réception des films narratifs classiques, construits sur une forte impression de réalité, une logique narrative réaliste et l'effacement des marques de narration.

EFFET KOULECHOV Une expérience célèbre, mais dont il ne reste aucun témoignage probant, aurait été faite dans les années 1920 par le Soviétique Lev Koulechov. Un même plan de l'acteur Mosjoukine aurait été raccordé à trois images représentant respectivement une table couverte de mets (ou une assiette de soupe fumante), une femme nue et un homme ou un enfant paraissant morts. Confrontés à ce montage, les spectateurs auraient perçu chez l'acteur des expressions différentes : la faim, le désir, la tristesse. L'objet de cette expérience était de démontrer qu'une image n'a pas de sens en soi, mais que c'est la mise en contexte par le montage qui apporte la signification ; elle s'inscrit dans la réflexion menée par les formalistes russes sur le caractère productif du montage et la conception du cinéma comme langue.

▶ Langage, Montage.

EFFET OPTIQUE ▶ Effet de liaison.

EFFET PHI Le cinéma consiste en la projection de photogrammes fixes séparés par des noirs à la vitesse standard de 24 images par seconde. Or nous percevons un mouvement continu et non une succession d'images. On a longtemps expliqué ce phénomène par une propriété purement physiologique, la persistance rétinienne, avant de s'apercevoir que les images rémanentes ne peuvent en aucun cas produire un effet de mouvement, mais au contraire un mélange d'images confus. Les psychologues de l'école gestaltiste ont identifié cet effet de perception d'un mouvement apparent (qu'ils nommèrent effet phi) comme résultant des stimuli visuels produits par les déplacements des images qui permettent aux cellules du cortex visuel d'interpréter ces différences comme mouvement.

EFFETS SPÉCIAUX Également appelés trucages, les effets spéciaux désignent tous les procédés permettant de produire une image qui ne résulte pas d'une prise de vues unique où rien ne s'interpose entre l'objectif et le sujet filmé. Aussi vieux que le cinéma lui-même, les effets spéciaux apparaissent chez Lumière (le mur qu'on vient de démolir et qui se reconstruit en un clin d'œil par l'inversion du sens de la pellicule) et chez Georges Méliès, qui invente les caches, fondus, accélérés… Le cinéma des origines les intègre au genre des « films à trucs ».

Les effets spéciaux sonores résultent notamment du filtrage et de la déformation. Les effets spéciaux visuels peuvent se produire :

– dans les décors : maquettes, cache/contrecache, *travelling matte* ;
– à la prise de vues : déformations optiques, ralenti, accéléré, inversion du sens, surimpression ;
– au tirage : arrêt sur image, juxtaposition d'images (*split screen*), accélération ou ralentissement ;
– au cours du développement pour les effets de liaison : fondus, volets, effets d'iris…

▸ ANIMATION, IMAGE, NUMÉRIQUE.

ELLIPSE Ce terme désigne un saut dans le temps diégétique (de l'histoire) : le récit passe ainsi d'une action à une autre, d'un temps et souvent d'un espace à un autre, attendant du spectateur qu'il comble ce manque qui n'est pas toujours mesurable. C'est le cas de la plupart des récits dans lesquels le temps diégétique est supérieur au temps de la lecture ou de la projection, le temps du récit.

L'ellipse peut intervenir au niveau de la séquence (au sens de Metz) ou entre séquences, associée quelquefois à un carton indiquant le temps passé. On peut éliminer ainsi un temps non spectaculaire pour conserver les événements signifiants, « censurer » une scène en suggérant le contenu qu'on ne peut montrer (l'étreinte de *Partie de campagne*, Jean Renoir, 1936-1946).

Le traitement de l'ellipse est caractéristique de certains genres cinématographiques : le film noir l'utilise pour installer le suspense et maintenir le spectateur dans l'expectative. Le cinéma classique se sert de raccords pour masquer les ellipses et créer un effet de continuité, tandis que le cinéma des années 1960 joue de façon discursive et distanciée sur cette convention narrative.

▶ SAUTE.

EMPLOI L'emploi est le rôle confié à un comédien ; certains d'entre eux sont utilisés pour un type d'emploi, en raison de leur physique, de leur caractère (le jeune premier, la femme fatale, le mauvais garçon...). Un réalisateur utilisera un acteur à contre-emploi pour rompre avec ses habitudes de jeu, pour exploiter chez lui des qualités qu'on ne soupçonnait pas. Ainsi les comiques sont-ils quelquefois utilisés dans des rôles dramatiques (en 1983, Jerry Lewis dans *La Valse des pantins*, de Scorsese, et Coluche dans *Tchao Pantin*, de Berri).

EMPREINTE ▶ IMAGE.

ÉNONCIATION En linguistique, l'énonciation est l'acte individuel d'utilisation de la langue qui produit un énoncé, dans lequel un JE s'adresse à un TU. Les configurations sont diverses, de l'énoncé verbal qui engendre la possibilité d'une réponse au texte littéraire qui l'exclut de fait.

Employé au cinéma par les théoriciens issus de la sémiologie, ce terme d'énoncé, au sens de discours filmique, a été souvent critiqué, notamment parce que le cinéma n'est pas une langue, mais un langage (Metz). Gilles Deleuze soulignait que le film est un « énonçable », et non un énoncé.

Dans cette approche, et quel que soit le terme que l'on emploie (Laffay parlait d'un « grand imagier », dès 1964), le film est un discours fabriqué par quelqu'un pour quelqu'un, à la différence du monde, qui ne s'énonce pas. Pour éviter tout aspect anthropomorphe et respecter l'origine multiple du texte filmique, on utilise la locution « instance d'énonciation » pour désigner le foyer virtuel de la production du texte.

Cette instance d'énonciation choisit d'afficher ou de masquer sa présence dans le film. Elle se manifeste par toute une série de procédés :

- les regards caméra, commentaires et adresses au spectateur, faits par le réalisateur (Hitchcock apparaissant dans ses films), ou par les personnages (Belmondo nous demandant ce que nous aimons dans *À bout de souffle*, de Godard, 1959) ;
- les vues objectives irréelles, impossibles à associer à un œil dans la diégèse, angles de prises de vues étonnants, cadrages inhabituels, et les effets trop marqués : tout ce qui nous laisse percevoir le style ;
- la réflexivité, les citations d'autres films, qui signalent une relation particulière du texte avec les autres textes ;
- un dernier procédé totalement conventionnalisé n'est pas perçu comme énonciatif (sauf, bien sûr, chez Guitry ou dans *La Splendeur des Amberson*, 1942, Welles s'y présentant ainsi : « *My name is Orson Welles* ») : il s'agit du générique, qui affiche pourtant la fabrication du film.

Si le cinéma classique efface les traces d'énonciation pour ne pas menacer le régime d'adhésion à la fiction, le cinéma moderne, les films dysnarratifs ou expérimentaux exhibent souvent leur dispositif énonciatif.

▶ DÉICTIQUE, DISCOURS, RÉCIT, TRANSPARENCE.

ENREGISTREMENT Le terme désigne à la fois l'action d'inscrire sur un support des images et des sons pour les conserver et les reproduire, et le support enregistré lui-même.

ÉPOPÉE On peut définir l'épopée, quels que soient l'époque et le moyen d'expression utilisé, comme un récit qui relate les actions d'un héros exemplaire, représentatif d'une large communauté, à l'intérieur d'une situation historique donnée pour vraie. Récit symbolique et stylisé abondant en figures de rhétorique sur une trame d'événements véridiques, l'épopée exalte les sentiments collectifs.

Au cinéma, elle coïncide le plus souvent avec des projets patriotiques : c'est le cas de *Naissance d'une nation*, de Griffith (1915), de *1860*, de Blasetti (1933) ou d'*Alexandre Nevski*, d'Eisenstein (1938).

ESPACE L'espace cinématographique est organisé à partir des mêmes données que l'image fixe, photographie ou peinture : le cadre délimite un espace à trois dimensions, dont la profondeur est rendue en plans successifs (premier plan, arrière-plan), dont le point de vue est déterminé par la caméra et l'angle de prise de vues (à hauteur d'homme, en plongée, en contre-plongée), présentant la disposition choisie des masses, des lignes, des matières et des couleurs.

La mise au point, les mouvements de caméra, les raccords de montage construisent un espace crédible permettant la narration : il semble naturel, homogène et continu, il est illusionniste. Qu'un raccord soit ambigu et la construction s'effondre, dévoilant la discontinuité et l'artifice.

Espace et temps sont indissociables dans le récit cinématographique. La réduction de l'espace, le resserrement du cadre affectent la temporalité. Le gros plan, l'insert, en isolant un détail pour expliquer ou décrire, en focalisant sur les expressions d'un visage, peuvent annuler le temps diégétique : l'espace devient abstrait, purement mental.

ESTABLISHING SHOT ▶ PLAN D'EXPOSITION.

ESTHÉTIQUE L'esthétique est la branche de la philosophie créée au milieu du XVIIIe siècle qui se fixe pour objet de définir l'essence du Beau et de poser les problèmes de la création artistique et du jugement de goût. Elle se subdivise aujourd'hui en une grande diversité d'approches : sciences de l'art, sociologie de l'art, psychanalyse de l'art, sémiologie, etc.

Il n'existe pas d'esthétique constituée du cinéma, mais des débats de nature esthétique ont porté, dès ses débuts, autour de problèmes majeurs. La place du cinéma parmi les arts (théâtre, littérature, peinture, musique) et la question de sa spécificité ont suscité un grand nombre d'écrits théoriques. La possibilité d'une poétique du cinéma – d'une théorie de la création cinématographique – continue à être discutée, avec une opposition entre poétiques réalistes et formalistes.

Dans un emploi plus limité, on parle d'esthétique romantique en littérature, d'esthétique de la transparence pour le cinéma classique, ou de l'esthétique de tel ou tel réalisateur : il s'agit là de l'ensemble des principes organisateurs d'un mouvement ou d'une œuvre.

ESTHÉTIQUE DE LA RÉCEPTION L'esthétique de la réception (Jauss, 1978) pose les questions de la fonction de l'art et de notre rapport aux textes du passé. La figure du destinataire de l'œuvre y est centrale : sa réception est nourrie par l'expérience des œuvres qui la précèdent, créant une attente qui fonde en particulier la notion de genre (les codes du western ou de la comédie musicale, par exemple, se constituant en contrat de lecture qui nous permet de mesurer l'évolution du modèle). Le sens n'est pas figé mais toujours susceptible d'être réinterprété selon l'expérience subjective et le contexte socio-culturel.

▶ Contrat de lecture, Horizon d'attente, Pragmatique, Transtextualité.

ESTHÉTIQUE PUBLICITAIRE AU CINÉMA Apparu dans la critique française des années 1980 avec les films de Jean-Jacques Beineix (*Diva*, 1981), Luc Besson (*Subway*, 1985) ou Léos Carax (*Mauvais sang*, 1986), le terme est utilisé pour dénoncer le caractère artificiel des décors, la sophistication de l'image et des mouvements de caméra, les couleurs vives, les personnages stéréotypés. Ce courant réactualise le réalisme poétique français dans une perspective postmoderne, par le goût de la citation et les influences artistiques de l'image, du maniérisme à l'hyper réalisme.

ÉTALONNER L'étalonnage consiste à harmoniser, plan par plan, les lumières et les couleurs au tirage à partir d'une bande étalon. Il peut se faire aujourd'hui, de façon numérique.

EXPÉRIMENTAL Le terme recoupe la notion d'avant-garde cinématographique, c'est-à-dire, dans un premier temps, les grands mouvements artistiques du cinéma muet européen. Mais aujourd'hui, il est employé pour désigner un type de cinéma qui répond à un certain nombre de critères (Dominique Noguez) : les films échappent au circuit industriel et commercial de réalisation et de distribution ; majoritairement non narratifs, ils ne visent pas la distraction ; enfin, ils mettent en question la figuration.

Les appellations ont varié au fil du temps, de cinéma pur, cinéma abstrait, cinéma intégral, qui ne sont plus employées, à cinéma indépendant et cinéma *underground* qui désigne exclusivement l'école new-yorkaise des années 1960.

EXPLOITATION Dernière phase après la production et la distribution, l'exploitation est l'activité commerciale assurée par les directeurs de salles consistant à présenter au public les films dont les copies d'exploitation ont été expédiées par le distributeur, accompagnées en France d'un visa d'exploitation délivré par la Commission de contrôle des films.

Il existe des exploitants indépendants, mais la majorité des salles françaises sont aujourd'hui regroupées en circuits appartenant à quelques grands exploitants (UGC, Gaumont, MK2…) et uniformisent leur programmation.

▶ INDÉPENDANT.

EXPRESSION

1. Au cours de l'histoire de la théorie de l'art, on a successivement privilégié certains modes d'expression d'une œuvre : selon la conception classique, l'œuvre doit révéler le sens du réel, la conception romantique lui demande de traduire la subjectivité de l'artiste, et la conception moderne de provoquer une émotion, des affects, chez son destinataire. Pour Gombrich, l'expressivité est définie dans un contexte historique et culturel ; elle varie, pour une œuvre donnée, avec l'époque et les publics successifs.

2. L'opposition faite par Hjemslev entre contenu et expression a été reprise au cinéma (Metz). Comme le contenu, l'expression est constituée d'une matière et d'une forme. La matière de l'expression est ce qui distingue un langage d'un autre. Dans cette approche, le cinéma est composé de cinq matières de l'expression : les images photographiques animées et multiples (qui constituent un trait pertinent, c'est-à-dire une caractéristique distinguant le cinéma des autres langages, image fixe ou BD), les mentions écrites, les dialogues, la musique et les bruits.

La forme de l'expression est constituée des codes qui permettent de structurer cette matière ; au cinéma ce sont les codes de cadrage, de montage, de mouvements de caméra, etc.

EXPRESSIONNISME Ce courant, d'abord pictural, naît au début du XXe siècle du rejet du réalisme impressionniste et du désir d'exprimer les émotions, notamment en France chez les Fauves et en Allemagne avec les peintres du groupe *Die Brücke*. Il influence ensuite la littérature et le théâtre (Strindberg, Wedekind), puis l'avant-garde cinématographique allemande, à travers le chef-d'œuvre de Robert Wiene, *Le Cabinet du docteur Caligari*, en 1919. Le symbolisme, la stylisation des décors et du jeu des acteurs s'accordent aux thèmes apocalyptiques, hérités à la fois de la défaite de 1918 et de la prémonition du nazisme.

Si ce courant expressionniste ne regroupe en fait que très peu d'œuvres (comme *Le Golem*, Wegener, 1920), tous les films aux thèmes angoissants et fantastiques, aux jeux appuyés d'ombre et de lumière furent qualifiés d'expressionnistes, même si, comme dans *Nosferatu* (1922), de Murnau, les décors sont en grande partie naturels.

▶ CALIGARISME.

EXTÉRIEUR

1. Dans le scénario ou le découpage technique d'un film, le mot (« extérieur jour » ou « extérieur nuit ») signifie que la scène est tournée dans un lieu ouvert, qu'il soit naturel ou reconstruit en studio.

2. Les extérieurs (« tourner en extérieurs ») sont les décors de tournage hors des plateaux de studio.

EXTRADIÉGÉTIQUE ▶ DIÉGÉTIQUE.

ÉVASION (CINÉMA D'ÉVASION) Synonyme de cinéma de divertissement, ce type de cinéma cherche à distraire le public, à lui faire oublier le quotidien, que ce soit avec un film d'aventures, une comédie, un film d'amour ou un film historique. Il s'oppose au cinéma de réflexion tel qu'on le conçoit dans les ciné-clubs, quoique la distinction soit souvent arbitraire et sujette à réévaluation.

Le choix de ce type de cinéma, quand il est privilégié par un pouvoir politique, peut constituer une forme détournée de censure, comme cela s'est produit pour les films dits « des téléphones blancs » dans l'Italie mussolinienne.

F

FABLE Une des acceptions du mot fable, terme très polysémique en français, est constituée par l'intrigue d'une œuvre théâtrale ou romanesque. Les formalistes russes ont désigné par ce mot la suite des événements représentés tels qu'ils se seraient déroulés dans la vie (et notamment sous une forme chronologique), l'opposant au « sujet » qui renvoie à l'agencement particulier des mêmes événements pour l'auteur, à leur mise en forme par le récit. Ainsi l'auteur peut-il envisager de construire son texte sous forme d'analepse, en commençant par la fin, mais aussi doit-il choisir pour raconter son histoire une modalité narrative (le mode épistolaire dans *Les Liaisons dangereuses* de Choderlos de Laclos n'est repris au cinéma par aucun de ses adaptateurs).

Cette opposition entre fable et sujet est analogue à celle qui est utilisée en linguistique entre plan du contenu et plan de l'expression. En narratologie, Jean Ricardou oppose fiction et narration tandis que Gérard Genette distingue histoire et récit.

FANTASTIQUE Dans la littérature de la fin du XVIIIe siècle, le fantastique est conçu comme un espace du rêve où domine le surnaturel, en contrepoint du rationalisme qui caractérise la pensée.

Le cinéma fantastique est né avec le cinéma et les scénarios « à trucs » de Méliès, tandis que l'école muette allemande ou les films d'horreur hollywoodiens de la firme Universal substituent à ce merveilleux un cinéma hanté par la mort (*Les Trois lumières*, Lang, 1921), les vampires (*Nosferatu le vampire*, Murnau, 1922 ; *Dracula*, Browning, 1930), le mythe prométhéen (*Frankenstein*, Whale, 1931) ou le double (*La Momie*, Freund, 1932).

Les définitions du fantastique s'opposent selon les auteurs : une définition restrictive consiste à utiliser les critères de Todorov (*Introduction à la littérature fantastique*, 1970) et notamment l'idée que le fantastique est régi par une hésitation, une incertitude de son destinataire quant à la nature, merveilleuse ou réaliste, du monde représenté. Elle correspond à peu d'œuvres, et on préfère en général couvrir tout le champ de l'irrationnel et englober dans le genre le cinéma d'horreur ou d'épouvante.

▶ *Heroic fantasy.*

FAUX RACCORD Le faux raccord est un raccord mal conçu ou mal réalisé. Mais il peut aussi être produit délibérément et participer ainsi d'une esthétique qui rompt avec la logique de transparence à l'œuvre dans la conception du raccord. Il est fréquent dans le cinéma d'Eisenstein, dont le montage se construit en partie sur le conflit entre les plans et leur absence de continuité. Le cinéma moderne, et Jean-Luc Godard en particulier, utilisera le faux raccord et la saute comme mise à distance de la fiction. Roberto Rossellini s'en était servi, dès 1953, pour les promenades dans Naples d'Ingrid Bergman dans *Voyage en Italie*. *Zazie dans le métro*, de Louis Malle (1960), est un festival de faux raccords délibérés.

▶ Saute.

FEEL-GOOD MOVIE Les *feel-good movies* sont des films qui génèrent un sentiment de bien-être chez le spectateur pour des raisons diverses – optimisme, humanité du scénario et des personnages souvent saisis collectivement, éloge de l'amour et de l'amitié –, raisons pour lesquelles ils traversent les genres, du film sentimental à la comédie sociale. Récemment la critique a qualifié ainsi *Intouchables* (Éric Toledano et Olivier Nakache, 2011), *Pride* (Matthew Warchus, 2014) ou encore *Jersey boys* (Clint Eastwood, 2014).

FEINTISE Ce concept controversé est défini par la théoricienne de la littérature Kate Hamburger, qui le distingue de la fiction, comme l'imitation de formes d'énonciation employées dans les genres non fictifs : récit à la première personne du journal intime ou témoignage à la troisième personne. Le cinéma joue de plus en plus sur ces franges ambiguës entre fictif et non fictif, notamment dans le premier cas, avec l'autofiction.

▶ Autofiction, Fiction.

FÉMIS École nationale supérieure des métiers de l'image et du son, la Fémis – anciennement Fondation européenne des métiers de l'image et du son – a succédé en 1987 à l'IDHEC, Institut des hautes études cinématographiques, fondé en 1943 par le cinéaste Marcel L'Herbier.

FERMETURE À L'IRIS ▶ Effet de liaison, Iris.

FEUILLETON ▶ Ciné-roman, *Serial*.

FICTION Le discours fictionnel construit un simulacre du monde perçu comme tel par son récepteur en mettant en scène des personnages et des actions qui n'ont pas de référent dans l'ordre de la réalité (même s'ils s'inspirent parfois de personnages ou d'actions réels) ; ils n'existent que dans l'imaginaire de l'auteur et par la suite, du lecteur ou spectateur.

La définition de la fiction a toujours constitué un problème, et les critères permettant de la différencier du documentaire manquent de rigueur et de pertinence. Dans une perspective influencée par l'esthétique de la réception et la pragmatique, une définition de la fiction est élaborée par la sémio-pragmatique (Odin). L'émetteur et le récepteur sont chacun à l'origine de la production de sens d'un texte et ce contrat tacite se traduit en indices permettant au récepteur d'adopter un mode de lecture, documentarisant ou fictionnalisant selon la compétence que lui a apportée son expérience des autres textes.

La fiction est un mode de communication dominant dans les sociétés contemporaines, quasi hégémonique dans les arts du spectacle. Les théories d'inspiration freudienne lient le désir de fiction à la structure même de notre psychisme.

▶ Autofiction, Feintise.

FICTIONNALISATION, FICTIONNALISER En sémio-pragmatique, la fictionnalisation est le mode de réception choisi par le spectateur du film, qui conduit à articuler un certain nombre d'opérations (inconscientes) qui nous permettent de « vibrer au rythme des événements fictifs racontés » (Odin).

FIGURAL ▶ Figure, Figurer.

FIGURANT, FIGURATION Le figurant est un acteur de complément qui représente un personnage mais n'interprète pas de rôle et n'a pas de dialogue à prononcer. Il fait partie du *casting* de la figuration, plus ou moins important selon le genre du film. On nomme « silhouette » un acteur de complément dont le rôle est appelé à être remarqué par le spectateur.

L'ensemble des figurants d'une scène, d'une journée de tournage ou d'un film est appelé « figuration ».

FIGURE La figure est la mise en forme de quelqu'un ou de quelque chose.

1. Pour la *Gestalttheorie* (théorie de la forme), la figure résulte de la perception d'une forme que son contour détache de ce qui apparaît comme un fond, bien que l'image, bidimensionnelle, ne possède pas de profondeur. Au cinéma, le mouvement apporte aux objets une corporalité qui les autonomise encore davantage en renforçant l'impression de relief.

À partir de ce concept de forme, certains historiens d'art détachent la figure de la notion d'analogie, en opérant une distinction entre son aspect et ce qu'elle désigne par autre chose que son aspect, pour en faire un instrument de déplacement et de conversion du sens (G. Didi-Huberman), ou pour mettre l'accent sur l'opacité de la matière visuelle (P. Dubois).

2. Le visuel, image fixe ou film, peut produire des figures de rhétorique équivalentes à celles que connaît le verbal. Ces tropes détournent le sens d'un élément de l'image comme ils détournent le sens d'un mot et le cinéma joue lui aussi avec la métaphore, la métonymie, la synecdoque, l'ellipse, l'emphase, etc.

En rupture avec la référence au verbal, les théoriciens de la figure ont élaboré la notion de « pensée visuelle » (Rudolf Arnheim), dont certaines analyses se réclament (Dudley Andrew). Dans une perspective freudienne, le figural est imaginé par Jean-François Lyotard comme un espace propre au désir (suscité à la fois par le leurre de la représentation et l'énergie de la plasticité) permettant le surgissement de la vérité.

▶ Corps.

FIGURER, FIGURATION Figurer, c'est donner une forme à des objets ou des personnes. On oppose traditionnellement l'art figuratif, construit sur des indices d'analogie permettant de reconnaître des éléments de notre monde, et l'art abstrait, dont les formes, purement plastiques, ne ressemblent à rien dans le réel.

La plupart des théoriciens de l'art ont employé de façon indifférenciée figurer et représenter. Une opposition a été avancée par Pierre Francastel et reprise par Jean-Pierre Oudart au cinéma, selon laquelle la figuration n'engagerait que les effets d'analogie, de ressemblance, tandis que la représentation consisterait, pour une société donnée, en la construction de l'image selon le système de conventions socialisées en usage dans cette société. Dans cette conception discursive de la représentation, l'art abstrait, qu'il soit lié à l'idée ou à la sensation, et la peinture du Moyen Âge, figurative et symbolique, représentent l'un comme l'autre, mais seuls les modes de représentation issus de la Renaissance inscrivent la figuration dans le réel.

Plus récemment, la question de la figuration s'est déplacée autour de l'opposition entre le discursif, doté d'une logique productrice de sens, et le figural, perçu avant même d'être compris, et conçu comme énergie, désordre, irreprésentable (J.-F. Lyotard), « symptômes visuels » (G. Didi-Huberman).

▶ Effet de réalité/effet de réel, Figure, Iconique/plastique.

FILÉ Le filé ou panoramique filé est un mouvement très rapide de la caméra qui ne permet pas de déchiffrer l'image.

FILM Le film (de l'anglais : membrane, pellicule), désigne d'abord la pellicule photographique, puis la bande perforée recouverte d'émulsion photographique qui permet d'enregistrer et de conserver les images.

Par extension, il désigne l'œuvre cinématographique et l'ensemble des œuvres considérées par domaines : le film fantastique, le film d'archives, etc.

FILM CATASTROPHE Le genre du film catastrophe a été très en vogue dans les années 1970, avec l'archétype que représente *La Tour infernale*, de John Guillermin (1974). Une micro-société y est confrontée à des accidents, des fléaux naturels, à grands renforts d'effets spéciaux, tandis que les individualités s'affrontent physiquement et psychologiquement.

FILM CHORAL La narratologie emploie l'expression « récit éclaté » quand la trame narrative se démultiplie et qu'on suit alternativement les actions de plusieurs groupes de personnages. On préfère aujourd'hui parler de « film choral », le dénominateur commun étant de présenter un grand nombre de personnages sans que l'un d'entre eux soit privilégié par le récit, comme dans un chœur. Si le procédé narratif a toujours existé, il est de plus en plus utilisé depuis vingt ans, et recouvre des formes de récit diverses et en pleine évolution. *Short Cuts* (Robert Altman, 1993), *Petits arrangements avec les morts* (Pascale Ferran, 1994) ou *Magnolia* (Paul Thomas Anderson, 1999) constituent de bons exemples de ces scénarios complexes qui visent une peinture de la société (*Short cuts*) ou une parabole explicite sur le modèle d'*Intolérance* conçu par Griffith (*Magnolia*). Alejandro Gonzáles Iñarritu renouvelle ce type de récit en le croisant avec un motif décliné par le cinéma depuis une trentaine d'années : « l'effet papillon », ou l'idée qu'un événement infime peut entraîner des réactions en chaîne et avoir des répercussions à l'autre bout du monde. En 2006, le scénario de *Babel* se fonde ainsi sur le croisement de tranches de vie à partir d'un élément déclencheur : un coup de feu tiré au Maroc bouleverse la vie de personnages étrangers les uns aux autres sur trois continents.

▶ Montage parallèle.

FILM D'AMATEUR Le cinéma d'amateur est apparu dès 1924 avec la Pathé Baby, première caméra destinée au public amateur, qui disposait déjà de projecteurs à usage familial pour visionner des bandes commercialisées. Divers formats ont été utilisés, mais c'est le 8 mm de Kodak, en 1932, supplanté en 1965 par le Super 8, qui sont privilégiés jusqu'à l'avènement de la caméra vidéo, et quelquefois, en concurrence avec elle. Les nombreuses revues pour amateurs, dès 1924, et la constitution d'une Fédération des clubs témoignent de l'intérêt du public. Le cinéma amateur, par nature peu visible, connaît depuis 1990 une vogue à la télévision (avec l'émission *Vidéo gag*).

La pratique amateure pose par ailleurs un vrai problème de définition. On peut l'opposer à l'activité rémunérée de la pratique professionnelle, quoique l'amateur puisse s'inscrire dans une institution (le cinéma à l'école), posséder des qualités techniques professionnelles, filmer sa famille mais aussi des fictions ou des documentaires, et même se revendiquer amateur alors qu'il s'agit de pratique artistique, comme en témoigne le mouvement *underground.* Roger Odin propose de le définir à partir du mode de communication et de la sphère de réception visés.

De plus en plus utilisé dans la fiction, le filmage amateur peut procéder d'un pastiche (*Rebecca*, Hitchcock, 1940) ou du remploi de films authentiques (*Palombella rossa*, Moretti, 1989).

▶ FILM DANS LE FILM, FILM DE FAMILLE, PRAGMATIQUE.

FILM DANS LE FILM Les pratiques consistant à insérer un film à l'intérieur d'un autre film sont infinies, et leurs appellations sont souvent assez floues, même si des classifications ont été proposées. On parle de réflexivité (le film cité produit des effets de miroir), de secondarité (le film premier contient le film second), de mise en abyme, sans toujours distinguer les procédés, qui vont de la citation d'un autre film (*Nous nous sommes tant aimés*, de Scola, 1975, montrant *Le Voleur de bicyclette*, de De Sica, 1948) au redoublement de l'écran (*Sherlock Junior*, Keaton, 1924, *La Rose pourpre du Caire*, Allen, 1984), de la fabrication du film second avec la pellicule du premier (*Tarnation*, Caouette, 2004 ; *Tren de sombras*, Guerin, 1996, qui remploie des films d'amateur des années 1930) aux films dont l'écriture, la fabrication, est le sujet même (*Huit et demi*, Fellini, 1963).

▶ REMPLOI, TRANSTEXTUALITÉ.

FILM DE FAMILLE Sous-ensemble du cinéma amateur, le film de famille est défini par Roger Odin par son mode de communication : « film ou vidéo réalisés par un membre d'une famille à propos de personnes, d'événements ou d'objets liés à l'histoire de cette famille et à usage privilégié de ses membres ».

FILM DE FANTÔMES Si les États-Unis ont leurs zombies, revenants régulièrement « immortalisés » par la caméra de George A. Romero depuis *La Nuit des morts vivants* en 1968, le Japon a lui aussi ses films de fantômes – souvent des jeunes femmes désirant se venger –, genre très populaire dans les années 1950 et 1960, réactualisé à partir de 1998 avec un immense succès et un effet de série par *Ring*, d'Hideo Nakata, et sa métaphore d'une cassette vidéo qui tue ses spectateurs.

FILM D'HORREUR On employait autrefois le terme d'épouvante pour caractériser ce cinéma qui montre des scènes cruelles suscitant l'effroi du spectateur.

▶ *GIALLO*, *GORE*, *SLASHER MOVIE*.

FILMS DU MILIEU Expression initiée par Pascale Ferran qui lança un cri d'alarme aux César de 2007 contre le système de financement privilégiant les films à gros budget et les « films pauvres » au détriment des films à budget moyen qui ont le plus grand mal à exister.

FILM HISTORIQUE On distingue les films dont l'histoire est l'objet (*Napoléon*, Gance, 1925, *Danton*, Wajda, 1982) et les films auxquels des événements historiques servent de cadre à une intrigue qui se développe indépendamment (*La Reine Margot*, de Chéreau, 1993, *La Liste de Schindler*, de Spielberg, 1993). Cette catégorie très floue peut s'élargir à une majorité de films, car l'histoire concerne aussi bien les grands événements que la vie quotidienne.

Le film historique est de l'ordre de la fiction, mais peut s'appuyer sur des images d'archives (*JFK*, Stone, 1991, qui utilise notamment le film amateur de Zapruder lors du meurtre de John F. Kennedy à Dallas, en 1963).

▶ *Biopic*, *Heritage film*.

FILMIQUE ▶ Cinématographique, Code, Filmologie, Sémiologie.

FILM NOIR Cette expression française apparue au lendemain de la Seconde Guerre mondiale (et passée dans la langue anglaise) désigne des films qui, pour leurs producteurs, appartenaient à des genres différents, comme le mélodrame ou surtout le film criminel. Souvent adaptés de romans de l'école « dur à cuire » (Cain, Chandler, Hammett) que Gallimard traduisit dans sa collection « Série noire », les films mettent en scène des personnages de détectives privés cyniques et individualistes, de garces séduisantes et d'hommes politiques compromis avec le crime dans des intrigues labyrinthiques dont l'exemple le plus fameux demeure *Le Grand sommeil*, d'Howard Hawks (1946).

L'intrigue se déroule volontiers dans les bas-fonds des grandes villes, à une époque où le rêve américain perd de sa crédibilité, et se développe dans une ambiance générale très sombre au propre comme au figuré. Le rôle des chefs opérateurs est souvent aussi important que celui des réalisateurs dans le style noir. Lorsque le temps des pastiches et des imitations sera venu, on parlera de « néo-noir » (*Miller's Crossing*, de Joel Coen, 1990, *Usual Suspects*, de Bryan Singer, 1995).

FILM OPÉRA Les opéras ont été utilisés dès le muet pour leurs qualités scénaristiques, puis filmés dans des versions scéniques, mais il fallut attendre les années 1970 pour découvrir les mises en scène cinématographiques de grands opéras comme *La Flûte enchantée* d'Ingmar Bergman, *Don Giovanni* de Joseph Losey ou *Carmen* de Francesco Rosi interprétés par les plus grands chanteurs de l'époque. À partir de là, le film opéra ou film d'opéra s'est définitivement distingué de la captation de spectacles, souvent retransmise par la télévision, et adressée à un public d'amateurs.

▶ Captation.

FILMOGRAPHIE La filmographie est la liste complète des films tournés par un comédien, un réalisateur ou toute personne qui travaille dans le cinéma. On l'emploie également pour désigner la liste des films appartenant à un genre, à une société de production, à un pays, etc.

FILMOGRAPHIQUE

1. Dans le vocabulaire de la filmologie, ce terme désigne tout ce qui existe et s'observe au niveau de la pellicule. Le temps filmographique dépend de la durée de projection du film.

2. La critique française de l'après-guerre élaborait des fiches filmographiques détaillées donnant le générique, le découpage en séquences et une analyse des thèmes des films. Ces fiches servaient notamment pour les ciné-clubs.

FILMOLOGIE Fondé en 1946 sous l'impulsion de Gilbert Cohen-Séat, l'Institut de filmologie s'inscrit dans une approche du cinéma sur le modèle des sciences humaines et non, comme c'était le cas jusque-là, dans une approche critique ou cinéphilique. En cela, la filmologie préfigure la sémiologie du cinéma.

La filmologie s'est développée autour de la psychophysiologie de la perception, des sciences de l'éducation et de la cognition, et de l'esthétique générale du fait filmique (concernant l'œuvre projetée en public) dans une perspective phénoménologique, avec Étienne Souriau.

▶ Afilmique, Filmophanique, Profilmique.

FILMOPHANIQUE Dans le vocabulaire de la filmologie, ce terme désigne tout fait inhérent à la projection d'un film dans une salle. La temporalité filmophanique recouvre ainsi la durée réelle du film, par opposition à sa temporalité diégétique.

FILMOTHÈQUE Le terme peut désigner une collection de films privée ou destinée à la diffusion, et le lieu où on les conserve ; dans ce dernier cas on utilise plutôt « cinémathèque ».

FILTRE Feuille de gélatine ou lamelle de verre placée devant l'objectif ou le matériel d'éclairage, le filtre corrige la lumière et modifie le rendu photographique.

Les filtres sont utilisés pour assombrir l'image dans le cas de la nuit américaine, pour supprimer les reflets (filtres polarisants), obtenir un effet de brouillard (filtre diffuseur), modifier les couleurs, arrêter les rayons ultraviolets.

FINAL CUT Expression anglaise désignant le montage définitif, ou le droit au montage définitif. Aux États-Unis, le *final cut* appartient normalement à la société de production, sauf cas particulier régi par contrat. En France, selon le Code de la propriété intellectuelle, « l'œuvre audiovisuelle est réputée achevée, lorsque la version définitive a été établie d'un commun accord entre, d'une part, le réalisateur ou, éventuellement, les coauteurs et, d'autre part, le producteur ».

FISH-EYE Objectif de très courte focale qui couvre un champ très large, proche de 180°, et jusqu'à 197° pour le Kinoptic, ce qui permet de voir derrière l'objectif.

▶ GRAND-ANGLE.

FLASH-BACK Le *flash-back* désigne le retour en arrière du récit dans le temps diégétique, vers des événements antérieurs, ce qu'on appelle en narratologie l'analepse. Les décalages temporels entre temps de l'histoire et temps du récit (saut vers le passé ou le futur) ont été utilisés dès le début du cinéma, à des fins expressives (Eisenstein) ou narratives. Cette figure nous paraît banale ; pourtant avant la sortie du film *Le Jour se lève*, de Marcel Carné, en 1939, les producteurs ont obligé le réalisateur à ajouter un carton expliquant la construction du film. La narration en *flash-back* de certains films, comme *La Horde sauvage* de Sam Peckinpah en 1969, a été supprimée par les producteurs au profit d'un déroulement linéaire.

FLASH-FORWARD Le *flash-forward*, ou prolepse, consiste à insérer dans le film des images ou une séquence relatant des faits postérieurs à ceux qui sont évoqués par le récit. Ainsi des images de la suite du film sont-elles enchâssées dans la scène de ménage du *Mépris*, de Jean-Luc Godard (1963).

FLOU Quand il est voulu, le flou est un effet qui peut être créé par une mise au point imparfaite, ou par des filtres. On l'utilise souvent pour exprimer l'état subjectif d'un personnage. Dans *Harry dans tous ses états*, de Woody Allen (1997), un trucage permet de rendre flou dans l'image uniquement le personnage interprété par Robin Williams.

Le flou artistique, utilisé au cinéma pour sublimer les visages d'actrices, est aujourd'hui marqué comme stéréotype irrésistiblement lié à la photographie de David Hamilton.

FOCALE Abréviation de distance focale, le terme désigne la distance qui sépare le foyer du centre optique de l'objectif, le diaphragme. Le choix de la distance focale détermine l'angle de vue du champ : plus la focale est longue, plus l'angle de champ est étroit, plus elle est courte, plus il est large. La longue focale aplatit les plans, écrase la perspective, isole les personnages du décor ; la courte focale détache les plans, accuse la perspective, plonge les personnages dans le décor. Les déplacements de l'acteur dans l'axe de la caméra semblent ralentis en longue focale, accélérés en courte focale.

Les très longues focales sont appelées téléobjectifs, les très courtes sont des grands angulaires, ou objectifs grand-angle. Un objectif à moyenne focale (ou focale normale) offre une image proche de la vision humaine. Le zoom est un objectif à focale variable.

▶ *Fish-eye*, Foyer.

FOCALISATION Gérard Genette a utilisé ce terme d'optique pour désigner le foyer narratif du récit, c'est-à-dire le point de vue qui le construit et qui peut varier à chaque instant. La narratologie littéraire retient trois types de focalisation, qui peuvent ainsi alterner au cours du récit :

– le récit non focalisé, en focalisation zéro ou encore omnisciente, dans laquelle le narrateur en dit plus que n'en savent les personnages (type du roman balzacien) ;

- le récit en focalisation interne, fixe ou variable, qui nous apprend ce que sait un personnage ;
- le récit en focalisation externe, objectif, « béhavioriste », dans lequel on en sait moins que le personnage, en ayant seulement accès à des comportements.

Cette typologie a été adaptée par les narratologues du cinéma (Jost, Ropars, Gardies, etc.). On dissocie généralement :

- le point de vue physique par lequel nous voyons la scène, le VOIR, qui peut être un point de vue zéro, ne passant par aucun personnage de la diégèse (*nobody's shot*) ou interne (on passe par le regard d'un personnage). François Jost parle d'ocularisation et y ajoute l'auricularisation, en ce qui concerne l'écoute du son, qui peut également être subjective ;
- le point de vue cognitif, le SAVOIR, quelquefois nommé focalisation, qui reprend les catégories de Genette (les deux premières au moins, la focalisation externe étant plus hasardeuse au cinéma, défini par la monstration).

► CAMÉRA SUBJECTIVE, ÉNONCIATION, NARRATION, POINT DE VUE, *TWIST*.

FONDU Obtenu à la prise de vues ou en laboratoire, cet effet de liaison consiste à faire apparaître ou disparaître progressivement l'image.

L'ouverture en fondu fait émerger du noir une image. La fermeture en fondu, ou fondu au noir, à l'inverse, fait disparaître l'image qui devient noire. Cette apparition/disparition de l'image peut se faire dans toutes les couleurs : fondu au blanc, au rouge, etc. Le fondu enchaîné correspond à la surimpression de deux séries d'images, les dernières du plan qui se termine et les premières du plan suivant.

De façon conventionnelle, on utilise ces procédés comme s'ils étaient des signes ponctuatifs : les fondus servent à indiquer le début ou la fin d'une séquence, le fondu enchaîné, à suggérer une continuité malgré une ellipse spatio-temporelle. Mais, à la différence de la langue, le cinéma ne connaît pas de ponctuation prédéterminée, et les procédés peuvent être destinés à un tout autre usage signifiant.

FORMAT

1. Le format du film consiste en la largeur de la pellicule utilisée : format large en 65/70 mm, format standard en 35 mm, format substandard en

16 mm, formats réduits en 9,5 mm, 8 mm, Super 8. Selon sa largeur, la pellicule est plutôt vouée à l'usage professionnel ou amateur.

2. Le format de l'image sur l'écran est le rapport de la largeur sur la hauteur. Parmi les principaux formats d'image utilisés au fil du temps figurent le format standard muet (1 × 1,33 dit 1,33), le format standard sonore (1,37), les formats panoramiques (1,66 à 1,85), les formats scope (2,55 puis 2,35). Pour la télévision les principaux formats sont le 4/3 et le 16/9.

▶ CADRE.

FORME

1. La forme peut être définie comme le principe d'organisation de l'expression dans une œuvre. Elle est donc indissociable du contenu de l'œuvre. Les théories historiques du cinéma et de la littérature ont critiqué à certaines époques la prédominance apportée à la forme au détriment du contenu (formalisme), ou l'importance accordée à un contenu véhiculé par une forme jugée dépassée (contenuisme).

2. L'histoire des formes filmiques est conçue comme celle des paramètres de l'image (cadre, éclairage, montage...) et du son, mais aussi comme l'histoire des formes de représentation qui portent l'empreinte du contexte historique dans lesquelles elles ont été élaborées, à l'insu même des cinéastes : aussi bien le retour à la profondeur de champ, au plan-séquence, sentis comme des éléments réalistes dans les années 1940 (*La Règle du jeu*, de Renoir, 1939) que l'émergence du cinéma personnel à la fin du XXe siècle (*Aprile*, de Moretti en 1998, *Pardonnez-moi*, de Maïwenn en 2006).

FOUND FOOTAGE Ce terme anglais signifie qu'on utilise une pellicule antérieurement impressionnée, « trouvée », pour l'insérer dans un film telle quelle ou en retravaillant sa surface. Le *footage* est le numéro imprimé sur le négatif mesuré en pieds.

▶ REMPLOI.

FOYER Point où l'objectif forme l'image nette (mise au point) d'un objet situé à l'infini.

▶ FOCALE.

FREE CINEMA Perpétuant la veine du documentaire social britannique de l'école de John Grierson, les *Angry Young Men*, groupe de cinéastes avec à leur tête Lindsay Anderson, présentèrent des programmes de films documentaires expérimentaux sous le label *Free cinema.* Associés à des écrivains, des hommes de théâtre, ils se tournèrent vers la fiction pour produire à partir de 1960 des longs métrages réalistes à sujets sociaux avec des méthodes de réalisation proches de la télévision : équipes légères, caméra à la main, improvisation. *Samedi soir et dimanche matin,* de Karel Reisz (1960), *La Solitude du coureur de fond* et *Un goût de miel,* de Tony Richardson (1962) en sont parmi les œuvres les plus représentatives.

GH

GAG Terme anglais signifiant « blague » employé à partir de 1920 dans un sens cinématographique, le gag est une forme brève relativement autonome caractérisée par un retournement de situation incongru et comique. Si les gags de Buster Keaton ont la plupart du temps un point de départ réaliste, on trouve chez d'autres comiques (les Marx Brothers, Jerry Lewis) un univers plus loufoque. L'expression *running gag* désigne le gag à répétition.

Mack Sennet fut le premier à confier la tâche d'imaginer les gags à des scénaristes spécialisés, les *gagmen.*

▶ Burlesque.

GENDER STUDIES Dans les pays anglo-saxons se sont développées depuis 1970 les *cultural studies*, champ disciplinaire neuf qui cherchait à appréhender les représentations sociales en dehors des critères d'évaluation de la culture dominante, et s'intéressait aux cultures minoritaires. Les *gender studies*, études des différences sociales entre les genres (masculin/féminin), ont démontré comment l'idéologie naturalise et légitime les inégalités entre les sexes aux États-Unis. Les premières recherches des *women's studies*, inspirées par les théories féministes et la phrase célèbre de Simone de Beauvoir « On ne naît pas femme ! On le devient », ont dégagé les stéréotypes concernant l'image de la femme à l'œuvre dans le cinéma classique, pour évoluer vers des approches sémiologique, psychanalytique et déconstructionniste avec l'analyse de discours, les études sur la place des femmes dans le dispositif cinématographique, la déconstruction même de la notion d'identité féminine. Parallèlement, les *gender studies* ont remis en cause l'hétérosexualité comme norme en ouvrant le champ à la culture gay et lesbienne.

Bien que ces théories se réfèrent volontiers à ce qu'on appelle dans les pays anglo-saxons la *French theory*, les écrits de Julia Kristeva et de Michel Foucault, de Jacques Derrida, Gilles Deleuze ou Jacques Lacan, ces études ne sont pas très développées en France.

▸ *Camp*, *Queer*.

GÉNÉRIQUE Ce terme désigne la séquence comportant la mention du titre du film et des participants à la réalisation. Cette séquence peut être située uniquement en début de film. Aujourd'hui, avec l'accroissement du nombre de personnes citées, les films comportent souvent un générique de début et un générique de fin.

Certains films n'ont pas de générique (*À bout de souffle*, de Godard, 1959) ou un générique réduit, pour des raisons parfois idéologiques (les films du Dogme sont censés ne pas faire figurer le nom du réalisateur).

A priori non narratif et non figuratif, le générique se rapproche de la notion de paratexte élaborée par Genette pour le récit littéraire. Mais à la différence du livre, ce paratexte peut se combiner au texte quand les mentions écrites apparaissent en surimpression sur les images du film, provoquant deux systèmes de croyance concurrents, l'un au référent réel de la fabrication du film et l'autre à un référent fictionnel.

Certains cinéastes ont rivalisé de virtuosité dans la création du générique, en jouant soit sur l'énonciation verbale (Sacha Guitry, notamment dans *La Poison*, 1951), soit sur la graphie, la couleur, les éléments iconiques (la série des *James Bond*). Les génériques sont parfois confiés à des concepteurs spécialisés ; le plus fameux est Saul Bass (*Sueurs froides*, *La Mort aux trousses* et *Psychose* d'Hitchcock, plusieurs films de Scorsese, dont *Casino*).

▸ Transtextualité.

GENÈSE, GÉNÉTIQUE L'étude de la genèse des films est à ce jour une discipline dispersée et relativement peu théorisée. Elle est beaucoup plus pratiquée aux États-Unis (sous le nom de *production history*) qu'en France, pour des raisons qui vont du goût anglo-saxon pour l'empirisme à la disponibilité beaucoup plus grande des archives outre-Atlantique en passant par la conception du cinéma comme art collectif plutôt que comme la seule expression d'un auteur. Des travaux français existent cependant sur des cinéastes comme Demy, Godard, Lang, Nicholas Ray, Renoir, Resnais, Tati, Truffaut ou Welles. Les études génétiques sont au croisement des études historiques, économiques, techniques et stylistiques, voire juridiques, tant ces différentes approches sont alors indissociables. Elles peuvent porter sur l'ensemble de la fabrication d'un film comme sur certains seulement de ses aspects, par exemple l'évolution du scénario.

GENRE Dès l'Antiquité on a tenté de dresser un état des ressemblances et des différences entre les œuvres d'art, comme on le faisait pour les espèces en sciences. Aristote et Platon ont opéré des classements à partir de critères comme la position du locuteur (qui différencie *mimesis* et *diegesis*), ou les sentiments suscités par les textes, qui vont de l'admiration (l'épopée) à la terreur (la tragédie), en passant par l'émotion (l'élégie) ou la dérision (la comédie). Ces catégories, fondées sur le goût pour le savoir, évoluent en système normatif et contraignant au XVIIe siècle avec l'institution des genres académiques, en peinture (grands genres, genres mineurs) ou en littérature.

La définition en genres pose toujours un problème de critères : la pertinence du classement ne s'acquiert qu'à l'intérieur d'un système. D'autre part, ces critères sont historiques et soumis à la conception d'une société donnée, à une époque donnée : le drame apparaît au XVIIIe siècle et supplante la tragédie. Enfin, la classification en genres apparaît souvent en liaison avec l'instauration d'une norme, aujourd'hui de nature plus économique que politique, comme on a pu le voir avec la position dominante de certains genres dans l'industrie cinématographique américaine.

Le genre cinématographique est en effet très lié à la structure économique de la production. Dans le cinéma classique hollywoodien, la spécialisation de chaque firme par genre était telle qu'on identifie dans les années 1930 le film criminel ou la comédie musicale à la Warner, le film d'épouvante à Universal, etc. Le genre évolue de la plénitude au déclin : ainsi, le western et la comédie musicale ont été supplantés par de nouveaux genres, comme le film de *kung-fu*, le *thriller* ou le film de science-fiction. La parodie, le mélange des genres peuvent accompagner et retarder l'abandon d'un genre : le « western spaghetti », par exemple.

Le genre se définit par ses invariants, qui constituent un horizon d'attente pour le spectateur, et par sa propension à la citation, à l'allusion, à tous les effets intertextuels par lesquels le film met son spectateur en position de reconnaître les films antérieurs.

▶ Drame, Réception, Transtextualité.

GIALLO Ce terme italien, dont le sens propre est « jaune » et qui est employé pour la presse à scandale et le roman policier, désigne une catégorie de *thrillers* à petit budget des années 1960 et 1970 dont la violence se mêle à l'horreur et à l'érotisme. Les maîtres du genre sont Lucio Fulci, Mario Bava et Dario Argento.

GO MOTION ▶ ANIMATION.

GONFLER Il s'agit, au tirage, d'agrandir l'image dans un format supérieur pour en faciliter la commercialisation : on gonfle du 16 mm en 35 mm ou du 35 mm en 70 mm, mais l'agrandissement se fait aux dépens de la qualité de la définition de l'image car l'opération amplifie ses défauts. L'opération inverse, la réduction, améliore au contraire la définition.

GORE Ce terme anglais qui signifie le sang versé, coagulé, par opposition au sang qui coule dans les veines, *blood*, est employé pour désigner des films d'horreur généralement à petit budget caractérisés par le caractère violent et sanglant de leur action héritée du Grand-Guignol et par les trucages hyperréalistes de corps mutilés.

Blood Feast, de H. G. Lewis (1963) est considéré comme le premier film *gore*. Apparu d'abord comme un sous-genre marginal du film d'horreur, le *gore* a gagné d'autres genres caractérisés par la violence : films de guerre, d'arts martiaux, policiers (*Le Silence des agneaux*, Jonathan Demme, 1990, ou *Seven*, David Fincher, 1995).

Dans les scènes *gore* est à l'œuvre la transformation de la figuration des corps, et la contamination actuelle subie par les genres en fait un bon exemple de l'évolution des conventions de représentation.

▶ FANTASTIQUE, GENRE, *GIALLO*, *SLASHER MOVIE*.

GRAIN La couche mince de gélatine qui constitue l'émulsion appliquée sur la pellicule est truffée de grains d'argent (cristaux d'halogénures d'argent) qui définissent la résolution du film, sa granulation, après développement. On parle donc du grain plus ou moins fin de la pellicule.

▶ DÉFINITION.

GRAND-ANGLE/GRAND ANGULAIRE Objectif à courte focale et grande ouverture angulaire qui permet de visualiser un champ très large.

GRAND IMAGIER Terme proposé en 1964 par Albert Laffay pour désigner le foyer virtuel de l'énonciation filmique.

▶ NARRATION.

GRANDE SYNTAGMATIQUE ▶ DÉNOTATION, SEGMENTATION.

GROS PLAN ▶ ÉCHELLE DES PLANS.

GROUPE DES TRENTE Groupe de pression fondé en 1953 par des réalisateurs, producteurs et techniciens de courts métrages (au nombre d'abord de trente, puis d'une centaine) en riposte à un décret qui autorise le retour au « double programme ». La projection en première partie de programme de longs métrages anciens, loués à bas prix, menacerait la survie du court métrage français. Le décret ne sera jamais appliqué. Le groupe des Trente se constitue en association en 1954 et continuera de prendre épisodiquement position sur la vie du court métrage jusque dans les années 1960.

***GROUPMAN*, GROUPISTE** Électricien chargé du groupe électrogène sur le tournage, éventuellement aussi éclairagiste.

HAPPY END La fin heureuse, ou *happy end* (de l'anglais *happy ending)*, est quelquefois imposée par la convention, au gré ou non des scénaristes et réalisateurs. C'était le cas du cinéma classique hollywoodien : dans les comédies sentimentales, les héros aux amours contrariés devaient se retrouver à la fin du film pour échanger un chaste baiser.

HAPPY SLAPPING Les « joyeuses baffes » filmées en *camera pocket* ont rapidement dégénéré en lynchage vidéo au cinéma comme dans la réalité. On trouve la pratique dans les films de jeunes (*Ben X*, 2007) mais aussi de moins jeunes (*Looking for Eric*, 2009).

HARDCORE, HARD Le *hardcore* ou *hard* est un genre cinématographique constitué de films pornographiques dans lesquels l'acte sexuel est vraiment réalisé par les acteurs, à la différence du *softcore*, films dans lesquels l'acte est seulement simulé (*Emmanuelle*, de Just Jaeckin, 1974). Sorti de la clandestinité à la fin des années 1960 en Amérique puis en France, le *hard* est depuis 1975 réservé à des salles spécialisées. Les termes de hardeur et hardeuse s'emploient pour les comédiens jouant dans les scènes explicites de ces films.

HERITAGE FILM Ce terme anglo-saxon, qui prévaut actuellement parce qu'il est considéré comme un genre dans le cinéma britannique qui y excelle, désigne ce qu'on appelle parfois en France le cinéma patrimonial : des films à gros budget et au casting prestigieux, en costumes, souvent adaptés de romans (*Les Vestiges du jour*, de James Ivory, 1993, *La Reine Margot*, de Patrice Chéreau, 1994, *Orgueil et préjugés*, de Joe Wright, 2005), ou romançant la vie de personnages historiques (*Camille Claudel*, Bruno Nuytten, 1988, *A dangerous method*, sur Freud, David Cronenberg, 2011). Ce cinéma, qui a toujours existé mais a connu un épanouissement tel dans les années 1980-1990 qu'il convient de parler de genre, se distingue par une esthétique muséale, le souci de la précision historique et d'une reconstitution minutieuse des décors et des costumes.

HEROIC FANTASY Ce genre cinématographique, qui tient de l'épopée et du fantastique, se situe en général dans un Moyen Âge purement imaginaire ou dans le futur. La représentation du monde y est manichéenne, et les aventures magiques et violentes que traversent les personnages font la part belle à une imagination délirante, comme c'est aussi le cas avec les décors et les costumes (*Conan le Barbare*, de J. Milius, 1981, *Le Seigneur des anneaux*, de P. Jackson, 2001, tous deux inspirés de récits littéraires).

HÉTÉRODIÉGÉTIQUE ▶ Diégétique.

HISTOIRE ▶ Fable, Récit.

HITCHCOCKO-HAWKSIEN Célèbre formule indiquant les choix critiques d'un des groupes des *Cahiers du cinéma*, tenant de la politique des auteurs dans les années 1950, en faveur des cinéastes Hitchcock et Hawks.

▶ Politique des auteurs.

HOME MOVIE ▶ Film d'amateur, Film de famille, Journal filmé.

HOMODIÉGÉTIQUE ▶ Diégétique.

HORIZON D'ATTENTE Dans l'esthétique de la réception (Jauss), l'œuvre prédispose son récepteur à un mode de réception fondé sur la référence implicite aux œuvres qui la précèdent et avec lesquelles le lecteur est familiarisé, et notamment sur la notion de genre. Le rapport de l'œuvre aux textes du passé instaure un horizon d'attente, concept hérité d'Husserl, que l'œuvre nouvelle modifie et redéfinit.

HORS-CADRE Le hors-cadre est la partie du support qui s'étend matériellement autour de l'image : encadrement du tableau, mur, bords de la page ou de l'écran.

▶ Cadre, Champ, Hors-champ.

HORS-CHAMP Le hors-champ est l'espace imaginaire en trois dimensions suggéré et caché par le cadre. Entre l'espace visible et cet espace non visible, notre esprit perçoit une continuité grâce à des données visuelles – morcellement des corps et des objets, entrées et sorties de champ, regards, ombres projetées –, des données sonores – les sons dont l'origine est extérieure à l'image (sons hors-champ) – et des données narratives (dialogue) : le hors-champ est cet espace où disparaissent les personnages et où, dans notre imagination, ils continuent à vivre. Sa cohérence assurant l'effet de réel de la diégèse (un monde qui ressemble au nôtre), elle est rompue si un personnage regarde ou interpelle le spectateur : le hors-champ devient alors du hors-cadre. Les films discursifs utilisent le procédé, mais aussi certains genres codés, comme la comédie musicale.

Dans l'image fixe, le hors-champ nous est définitivement inaccessible, alors qu'au cinéma, il suffit de monter, ou de modifier l'angle de prise de vues, pour que nous ayons accès à ce qui nous était invisible : le hors-champ est du champ différé.

▶ Adresse à la caméra, *In*, *Off*, *Over*.

HORS-VUE On appelle quelquefois hors-vue ce qui, tout en étant dans le champ, nous est caché par un élément de la scénographie : décor, foule…

HUBOTS *Human robots*, androïdes de la série *Real Humans* qui remplacent les humains dans des tâches domestiques.

8 mm Commercialisé en 1932 par Kodak, ce format réduit était destiné aux cinéastes amateurs ; la surface de la pellicule a été élargie en 1965 avec le Super 8.

HYPERTEXTE/HYPOTEXTE ▶ Adaptation, Palimpseste, *Remake*, Transtextualité.

IJK

ICÔNE, ICONE Dans son sens premier, l'icône, du grec qui signifie image sainte, désigne la peinture religieuse des Églises d'Orient.

En sémiologie, l'icone (de l'anglais *icon*) constitue une des trois catégories de signes dans la théorie de Peirce : icones, symboles et indices. Le classement repose sur la relation existant pour chaque signe entre le signifiant (la forme), le signifié (le sens) et le référent dans le réel. Le signifiant de l'icone est en relation motivée, analogique avec son référent : l'image du chat ressemble au chat, comme l'enregistrement de la voix, image sonore, ressemble à la voix.

Cependant, l'icone ne constitue pas le seul statut de l'image, qui peut être abstraite, et donc, non iconique.

▸ Connotation, Iconique/plastique, Image.

ICONIQUE/PLASTIQUE L'image s'organise en unités douées de signification, en signes de deux sortes, plastiques et iconiques. Les signes plastiques, formes, couleurs, matières, ne figurent pas quelque chose du monde mais signifient dans le code visuel, à la fois sur le plan de la dénotation (un cercle comme figure géométrique, la couleur rouge) et de la connotation (par exemple la clôture ou la perfection évoquées par une figure circulaire, la violence ou la passion par la couleur) : ils sont seuls à l'œuvre dans l'image abstraite où rien n'évoque des éléments de notre monde. Dans l'image analogique, figurative, les signes plastiques sont organisés en signes iconiques (le cercle y deviendra une table ronde ou un cerceau).

IDENTIFICATION Dans le vocabulaire de la psychologie, l'identification est le pivot de la constitution de la personnalité : c'est par des identifications successives à des modèles que l'enfant constitue son identité. Freud a conçu l'identification primaire comme assimilation orale à la mère. À partir de ces notions, la théorie du cinéma d'inspiration psychanalytique (Baudry, Metz, 1978) a forgé de nouveaux concepts.

L'identification primaire à la caméra recouvre l'idée que, lors de la projection, l'œil du spectateur s'assimile (s'identifie) à l'objectif de la caméra au moment du tournage : les lois optiques régissant les appareils, le code de perspective, font coïncider l'œil réel et cet œil purement imaginaire qu'est l'œil spectatoriel. Ainsi, lors des variations d'angles de prise de vues, le spectateur a l'impression que c'est son œil qui modifie l'image.

L'identification secondaire reprend un phénomène mis au jour bien avant l'avènement du cinéma et propre au régime fictionnel : le spectateur s'assimile imaginairement aux personnages. Mais cette notion va plus loin en montrant que le spectateur s'identifie à la situation fictionnelle que lui propose le film par le biais du découpage, par exemple par la multiplicité des points de vue.

▶ Dispositif, Impression de réalité, Point de vue.

ILLUSION RÉFÉRENTIELLE En théorie littéraire, la notion d'illusion référentielle (Riffaterre) recouvre l'idée que le monde fictionnel ne se réfère pas au réel, comme le soutiennent les écrivains réalistes, mais à l'imaginaire. Le Nouveau Roman, en littérature et au cinéma (Robbe-Grillet), a mis en pratique ce concept hérité de Platon avec des récits dysnarratifs qui détruisent la notion de monde fictionnel, de diégèse.

▶ Déconstruction.

IMAGE Comme l'image fixe, l'image filmique possède une double réalité perceptive (Arnheim) : comme surface plane, bidimensionnelle, et comme représentation d'un monde en profondeur, tridimensionnel.

Techniquement, elle a subi un bouleversement : photo-chimique dans un premier temps (de la lumière sur une pellicule émulsionnée), elle peut être électronique depuis l'apparition de la télévision et de la vidéo, et aujourd'hui numérique. Si, technologiquement, on peut passer de l'une à l'autre – transférer l'image vidéo sur pellicule, projeter un film cinéma à la télévision, numériser les photogrammes aussi bien que le son d'un film –, une dématérialisation est à l'œuvre, du signal vidéo au codage numérique de l'information : le spectateur ne peut plus reconnaître l'origine de l'image.

Or les images photographiques et cinématographiques, produites mécaniquement, à la différence du dessin et de la peinture, avaient une relation existentielle, « ontologique » (Bazin) avec le monde : elles constituaient une trace (et une preuve) de ce qui avait été devant l'appareil. Cette théorie de l'empreinte a été la clé de la conception du réalisme au cinéma, d'André Bazin à Peter Wollen, comme croyance en un rapport immédiat et spontané avec le monde. L'image numérique perd en matérialité ce qu'elle gagne en analogie, jusqu'à éliminer le référent que l'image de synthèse reconstitue par le calcul.

▶ Icone, Indice, Photogramme, Signe.

IMAGE DE SYNTHÈSE ▶ Animation, Image, Numérique.

IMAGE MENTALE En psychologie, l'image mentale est une image purement subjective mais dont le contenu est analogue à celui d'une perception visuelle, auditive ou encore olfactive.

La représentation des images mentales apparaît dès les origines du cinéma, avec un statut de souvenir, de récit rapporté ou de perception onirique. La pensée du personnage, ses émotions, ses désirs ont été souvent suggérés en images par le courant impressionniste (Dulac, Epstein, Gance). Elle se différencie de l'image dite subjective qui traduit le point de vue physique d'un personnage, que ce soit ce qu'il voit ou la façon dont il voit (image floue, s'il a perdu ses lunettes ou est victime d'un malaise).

IMAGE-MOUVEMENT Le philosophe Gilles Deleuze a fait de l'image-mouvement et de l'image-temps les deux grandes modalités du cinéma. L'image au cinéma, selon lui, mais aussi selon les constatations de la filmologie, n'est pas une image à laquelle s'ajouterait le mouvement, mais une image directement en mouvement, dans le plan qui se définit comme « coupe mobile de la durée ». Cette notion d'image-mouvement (1983) caractérise pour Deleuze une époque, le cinéma classique, et l'image-temps lui succède.

À l'intérieur de la catégorie de l'image-mouvement, Deleuze distingue des modalités particulières : l'image-perception correspondant à la figuration de la chose, l'image-action qui figure la force ou l'acte (qu'on peut relier au plan moyen), l'image-affection figurant la qualité ou la puissance, souvent associée au gros plan.

IMAGE-TEMPS L'image-temps désigne chez Deleuze (1985) l'image moderne, la période de l'après-classicisme, à partir d'Ozu, de Welles, du néo-réalisme et de la Nouvelle Vague. Jusque-là, le mouvement seul avait défini l'image, et les cinéastes éprouvent alors le désir et la nécessité d'explorer le temps. Le film classique, celui de l'image-mouvement, se déroulait au présent, le cinéma moderne donne à voir le temps.

IMAX/IMAX 3D Ce procédé canadien utilise depuis 1970 une très grande image (51 mm × 71 mm) projetée sur un écran de 20 à 30 m de hauteur. L'Omnimax utilise un écran hémisphérique, l'Imax 3D ajoute le relief depuis 1986. Le procédé du relief est obtenu grâce à deux images projetées par deux appareils synchrones et nécessite le port de lunettes spéciales, les images étant destinées alternativement à l'œil droit et à l'œil gauche.

IMPRESSION DE RÉALITÉ Le cinéma de fiction a toujours été doté d'une grande crédibilité. Ce phénomène psychologique, étudié dans le cadre de la filmologie, a présenté l'immobilité du spectateur et l'obscurité de la salle comme les vecteurs d'une emprise psychologique forte (quelquefois comparée au mythe de la caverne de Platon).

En confrontant le pouvoir réalisant du film à celui de la photographie ou du théâtre, Christian Metz (1965-1978) a mis en évidence le rôle du mouvement, produit mécaniquement mais impossible à distinguer au niveau perceptif du mouvement réel de la vie, qui en outre renforce l'impression de volume des objets et des corps en les détachant de ce qui apparaît comme un fond. La confrontation avec le théâtre fait apparaître que la croyance, la participation affective et perceptive se nourrissent de l'absence de réel du matériau cinématographique, alors que la trop grande réalité du théâtre nuit à l'impression de réalité diégétique.

▶ Dispositif, Effet phi, Identification.

IMPRESSIONNISME La critique a qualifié d'impressionniste la première avant-garde française des années 1920 (Delluc, Gance, Epstein), par référence à l'impressionnisme en peinture et en littérature, et par opposition à l'expressionnisme au cinéma.

L'esthétique impressionniste reste difficile à définir, et s'appuie sur la représentation des sentiments, des états d'âme, grâce à une caméra mobile, des surimpressions, des angles de prise de vues diégétisés, subjectifs, un montage court, ou par la visualisation d'images mentales.

IN Le terme *in* désigne tout ce qui apparaît dans le champ de l'image, éléments visuels et sonores, par opposition à ce qu'on ne voit pas, qui est *off* ou hors-champ.

IN ABSTENTIA/IN PRAESENTIA ▶ PARADIGME.

INCRUSTATION Ce trucage consiste à insérer une image dans une autre tournée séparément (un personnage dans un décor, par exemple). Obtenu autrefois par des procédés utilisant des caches, il est aujourd'hui simplifié par le traitement numérique de l'image.

▶ TRANSPARENCE, *TRAVELLING MATTE*.

INDÉPENDANT

1. Le terme d'indépendants s'emploie d'abord pour les pionniers du cinéma américain qui ont refusé le monopole de l'exploitation du cinéma et ont fondé Hollywood pour fuir la véritable guerre des trusts menée par le titulaire des brevets, l'ingénieur Thomas Edison.

Dans les années 1960, sont qualifiés d'indépendants (« indé ») les cinéastes (ou les producteurs, comme Roger Corman) qui évitent les circuits des grandes compagnies pour conserver leur liberté d'expression. Aux États-Unis, John Cassavetes a ainsi produit et distribué certains de ses films lui-même. À partir des années 1980, un certain nombre de réalisateurs américains, comme Gus Van Sant et Clint Eastwood, passent de l'un à l'autre de ces modes de production, selon leurs projets.

À l'intérieur du cinéma *underground* américain, structuré par la Film-Maker's Cooperative, les cinéastes expérimentaux (Mekas, Brakhage, Warhol) sont aussi appelés « indépendants new-yorkais ».

2. Pour échapper à l'hégémonie des grands circuits d'exploitation, certains exploitants ont monté des salles « indépendantes », souvent regroupées en réseau plus ou moins affiché, comme Utopia ou Diagonal dans le midi de la France.

▶ AVANT-GARDE, CINÉMA GUÉRILLA, *RUNAWAY PRODUCTION*, *UNDERGROUND*.

INDICE L'indice est une des trois catégories de signes relevées par Peirce, avec l'icone et le symbole. Il est caractérisé par une relation de contiguïté, de cause à effet entre signifiant et référent (une relation qui n'est donc pas d'ordre conventionnel mais pas non plus motivée par l'analogie). La fumée indiquant qu'il y a du feu ou l'empreinte digitale désignant la présence d'une main sont des indices.

Cette catégorie est fondamentale au cinéma car les images et les sons y sont à la fois des icones – ils ressemblent à ce qu'ils représentent – et des indices : ils sont en effet le produit d'une empreinte laissée sur la pellicule par ce qui a été devant l'appareil.

INGÉNIEUR DU SON Opérateur chargé de la prise et de l'enregistrement du son direct.

INSERT L'insert est un gros plan d'objet souvent destiné à mettre en valeur un détail utile à la compréhension de la scène présente ou d'une scène à venir dans le film.

▶ *Close up.*

INTÉRIEUR Les scènes en intérieur sont tournées dans des lieux couverts et fermés, qu'ils soient réels ou construits en studio. Le scénario, ou le découpage, porte la mention « intérieur jour » ou « intérieur nuit ».

INTERTEXTUALITÉ ▶ Transtextualité.

INTERTITRE ▶ Carton.

INTERVALLE En comparaison avec la musique, qui joue sur les intervalles, les écarts entre deux notes, Dziga Vertov a esquissé une théorie des intervalles entre deux plans, fondement de son cinéma non narratif et non fictionnel (*L'Homme à la caméra*, 1929), qu'ils soient des intervalles mélodiques s'appliquant entre deux plans, ou harmoniques, avec des images en surimpression.

▶ Continu/discontinu, Montage.

IRIS L'iris est une des formes, la plus courante, du diaphragme d'un appareil de prise de vues. L'ouverture et la fermeture à l'iris sont des effets souvent utilisés comme ponctuation par les films muets, obtenus en plaçant un iris à proximité de l'objectif. Un cercle entouré de noir s'ouvre ou se ferme, pour indiquer le début ou la fin d'une séquence, ou du film. La Nouvelle Vague a remis à la mode cet effet, en le détournant souvent de sa signification conventionnelle, pour en faire un hommage au cinéma d'antan.

JOURNAL FILMÉ Le journal filmé peut procéder de la fiction (*Calendar*, Atom Egoyan, 1992) ou témoigner de la vie d'un cinéaste (*Caro diario*, Nanni Moretti, 1994). Il n'est pas toujours prévu pour être rendu public (*Demain et encore demain*, 1995, de Dominique Cabrera), mais peut aussi constituer à des titres divers le fondement même de l'œuvre d'un artiste : *No Sex, Last Night*, de la plasticienne Sophie Calle (1995), ou les *home movies* de Stan Brakhage.

Ce cinéma à la première personne, peu visible jusqu'alors sauf dans les cinémathèques ou à la télévision, acquiert aujourd'hui une audience plus large.

▶ AUTOFICTION.

JUMP CUT ▶ SAUTE.

KINESCOPE Le kinescope, ou télécinéma, transfère sur film les images enregistrées pour la télévision.

KINO-GLAZ ▶ CINÉ-ŒIL.

LM

LANGAGE On a pensé très tôt que le cinéma, moyen d'expression, est aussi un moyen de communication, c'est-à-dire un langage.

Les cinéastes soviétiques (Eisenstein, Koulechov, Vertov) ont cherché à voir dans le film une « ciné-langue » équivalant à la langue naturelle, avec les plans comme mots, agencés en phrases par un montage tout-puissant producteur de sens.

La sémiologie a reposé la question, en reprenant l'appareil méthodologique de la linguistique structurale. Christian Metz (1964) a démontré que le cinéma n'était pas une langue, dont il ne possède pas la double articulation en unités douées de sens et en unités non douées de sens (l'image se situe toujours dans le sens). Il n'est pas non plus un langage assimilable au langage verbal, somme de la langue et de la parole (Saussure), dans la mesure où il ne puise pas comme les langues naturelles dans un fonds, un stock de mots et de formes syntaxiques que la parole actualise. Il n'existe pas de lexique ni de grammaire, pas de « réservoir » d'images et de formes qui permettent de constituer le film, directement actualisé. « Langage sans langue », le cinéma possède cependant de nombreux codes régissant les énoncés, mis au jour par la sémiologie dans une deuxième phase.

Cette théorie méthodologique a été dominante pendant une dizaine d'années. L'ancrage s'est déplacé ensuite notamment vers la psychanalyse, puis la psychologie cognitive.

▸ CODE, ICONIQUE/PLASTIQUE, SEGMENTATION, SÉMIOLOGIE.

LANTERNE MAGIQUE La lanterne magique, ancêtre de l'appareil de projection, utilise depuis le XVIIe siècle le principe de la chambre noire : elle est constituée d'une source lumineuse et d'un objectif formant une grande image sur un écran à partir d'une plaque de verre peinte.

LISTE NOIRE La Commission des activités antiaméricaines (créée en 1938 mais mise en veilleuse à l'approche de la Seconde Guerre mondiale) traque à partir de 1947 les Américains soupçonnés de sympathies communistes et s'en prend de façon particulièrement visible aux professionnels du cinéma dont beaucoup sont appelés à comparaître à Washington. Une chasse aux sorcières s'organise alors, avec les pratiques afférentes, encouragement à la délation, calomnies, constitution par les producteurs d'une liste noire occulte d'environ deux cents noms ainsi que d'une liste grise plus fournie. De nombreux réalisateurs, scénaristes ou comédiens sont acculés au chômage. Certains s'expatrient (John Berry, Jules Dassin, Joseph Losey), d'autres se cachent sous des pseudonymes (le scénariste Dalton Trumbo) ou travaillent à bas prix pour des prête-noms. Les dernières auditions ont lieu en 1955, mais les effets de la liste noire se font sentir jusque dans les années 1960.

LONG MÉTRAGE Selon la réglementation française, le long métrage professionnel 35 mm se définit par une longueur minimale supérieure à 1300 mètres de pellicule (48 minutes environ), de 1940 à 1964, puis supérieure à 1600 mètres (59 minutes environ) après cette date.

LOUMA La Louma est une grue articulée sur un chariot dont le bras télescopique supporte la caméra. Les prises de vues sont télécommandées et les déplacements les plus compliqués sont extrêmement précis. Elle a été utilisée pour la première fois par René Clément, en 1971. Un des plus fameux plans à la Louma ouvre *Le Locataire*, de Roman Polanski (1976).

LUMIÈRE Le travail sur la lumière est confié au directeur de la photographie ou chef opérateur. C'est lui qui « construit » les lumières du film, qui les modèle, qu'elles soient naturelles ou artificielles. En décor naturel, on emploie des filtres pour diffuser la lumière, on la renforce par des projecteurs et des réflecteurs. En studio, l'esthétique des années 1930 à 1950 a souvent valorisé l'« éclairage trois points », destiné notamment à révéler la structure des visages : la lumière de base (ou effet, attaque, *key light*) éclaire la scène ; la lumière d'ambiance (ou compensation, *fill in light*), plus douce, comble l'ombre existant entre les effets et modèle les ombres ; le décrochage (ou contre-jour, *back light*) sépare le sujet du décor et forme un halo qui permet de détacher les différents plans de l'image. La lumière de côté (ou *cross light*), rasante, accentuant le relief, peut éventuellement s'y ajouter.

MAC GUFFIN Inventé par Alfred Hitchcock, le *Mac Guffin*, qu'il évoque dans ses entretiens avec François Truffaut, désigne tout élément qui lui permet d'enclencher un récit, sans importance pour l'intrigue, et qui constitue un piège narratif pour le spectateur qu'il manipule car il est abandonné par la suite sans souci de cohérence. Ce travail de sape contre la vraisemblance et les effets réalistes caractérise le cinéma d'Hitchcock.

▶ *Red herring.*

MAC-MAHONIENS Le terme désignait un groupe de critiques liés au cinéma Mac Mahon, à Paris, près des Champs-Élysées, dont certains d'entre eux ont assuré la programmation. À la fin des années 1950, ils défendaient une politique des auteurs privilégiant Lang, Losey, Preminger et Walsh, en opposition aux hitchcocko-hawksiens. Parfois accueillis par les *Cahiers du cinéma*, les mac-mahoniens ont surtout publié dans *Présence du cinéma*.

▶ Politique des auteurs.

MAGASIN Les magasins sont les boîtiers – ou chargeurs – fixés sur la caméra dans lesquels on emmagasine la pellicule. La pellicule vierge est chargée dans le magasin débiteur tandis que le magasin récepteur conserve la pellicule impressionnée. Les magasins sont chargés et déchargés dans un sac étanche à la lumière.

MAINSTREAM CINEMA Littéralement « courant principal », le terme désigne les films grand public, qui ont un large succès populaire. Il peut être utilisé péjorativement dans le sens d'une culture hégémonique, dominante, qui s'opposerait au cinéma indépendant et au cinéma d'auteur.

MAJOR COMPANY Vers 1928, le système de production hollywoodien s'est stabilisé avec à sa tête cinq *major companies* (parfois francisé en « Major ») ou *Big Five* : MGM, 20th Century-Fox, Paramount, Warner Bros. et RKO. Leur vraie définition réside moins dans leur taille que dans le fait qu'elles pratiquaient l'« intégration verticale » : la concentration de la production, de la distribution et de l'exploitation dans les mêmes mains, au mépris des lois antitrust. Les *Little Three* (Columbia, Universal et United Artists), elles, ne disposaient pas de parc de salles. Le système s'est désagrégé dans les années 1950 et 1960.

MAKING OF Le *making of* d'un film est un documentaire sur sa fabrication. L'un des premiers a été un court métrage réalisé en 1928 par Jean Dréville, *Autour de « L'Argent »*, sur le tournage du film de Marcel L'Herbier. Le *making of*, très en vogue depuis les années 1980, est en général réalisé à des fins promotionnelles pour accompagner le lancement télévisuel des grosses productions ainsi que la sortie des films en DVD. Certains *making of* sont distribués en salles, comme *À la recherche de « Kundun »* (1997) de Michael Henry Wilson, sur le film de Martin Scorsese.

MAQUETTE La maquette est un décor construit à échelle réduite pour être filmé séparément et inséré dans une image composite (par la technique du cache-contrecache) avec les acteurs, ou un élément de décor raccordé avec le décor grandeur nature, construit en perspective pour jouer sur la profondeur de champ et quelquefois raccordé grâce à un dispositif optique.

MÉGA-NARRATEUR ▶ Énonciation, Focalisation, Narration, Récit.

MÉLODRAME Dans la tragédie grecque et à partir du XVIIIe siècle où il désigne l'opéra, le mélodrame était un drame accompagné de dialogues et de chants. Au XIXe siècle, le sens évolue vers un drame populaire proche de la violence macabre du roman gothique anglais, dont la sentimentalité larmoyante se marie aux coups de théâtre, aux intrigues débordant de machinations compliquées, et dont les personnages, typés, sont le jeune premier amoureux, l'héroïne persécutée, le traître machiavélique, le tout souligné par une musique expressive. Le cinéma témoigne, avec *Les Enfants du Paradis*, de Marcel Carné (1945), de la vogue de ce genre, cantonné, au XIXe siècle, aux salles du boulevard du Temple, à Paris, rebaptisé boulevard du Crime.

Le cinéma reprend dès le début ce répertoire populaire et de grands cinéastes s'illustrent dans ce genre, aussi bien David W. Griffith avec *Le Lys brisé* (1919), que Frank Borzage avec *L'Ange de la rue* (1927) et

Douglas Sirk avec *Le Secret magnifique* (1954). Todd Haynes renoue avec cette veine en 2001 avec *Loin du paradis.* Si les stéréotypes narratifs sont assumés jusqu'au lyrisme par certains cinéastes, d'autres les déconstruisent pour établir une distanciation ; c'est le cas de Rainer Werner Fassbinder, à partir de 1970, du *Marchand des quatre saisons* (1971) au *Secret de Veronika Voss* (1982).

MÉTAPHORE La métaphore est un trope, une figure de rhétorique, qui substitue à la signification propre d'un mot une autre signification, en vertu d'une comparaison restée implicite : « Vous êtes mon lion superbe et généreux » (Hugo).

Au cinéma, ce qu'on appelle métaphore est très souvent une comparaison terme à terme. Fritz Lang, dans *Furie* (1936), son premier film américain, raccorde ainsi en surimpression un plan de femmes en train de propager une rumeur et un plan de poules qui caquettent, comparaison explicite qui lui sera reprochée par les Américains. En revanche, les trois lions de pierre qui semblent se dresser dans *Le Cuirassé Potemkine*, d'Eisenstein (1925), pour signifier que la révolte est en marche, constituent bien une métaphore.

Valorisée au moment du muet par les formalistes, la métaphore, comme les procédés de comparaison, a été évitée par le cinéma classique qui la trouve trop appuyée et discursive.

Linguistes et psychanalystes revisitent à partir des années 1970 le système des tropes ; métaphore et métonymie deviennent des classes de figure de la pensée pour les premiers, deux grands principes propres à l'ordre symbolique pour les seconds. Le cinéma combinera les approches en faisant des deux tropes des éléments fondamentaux dans la constitution du sens de l'image.

▶ Figure, Signe.

MÉTHODE ▶ *Actors Studio.*

MÉTONYMIE La métonymie est un trope, une figure de rhétorique qui consiste à nommer une chose au moyen d'un terme désignant une autre chose, liées entre elles par une relation de cause à effet (vivre de son travail), de contenu à contenant (boire un verre) ou de contiguïté (la partie pour le tout, figure aussi appelée synecdoque) : « Ce bras qui tant de fois a sauvé cet empire. »

On a pu dire ainsi que le ballon de baudruche qui s'envole à la mort de la petite fille dans *M le Maudit*, de Fritz Lang (1931), était à la fois métaphorique, par sa ressemblance avec la forme de l'enfant, et métonymique, parce qu'il constituait le prolongement de son bras.

Figure de la contiguïté, la métonymie est à l'œuvre dans le montage classique fondé sur la transparence et la conception d'un raccord préservant la continuité spatiale, plastique et diégétique.

METTEUR EN SCÈNE Le terme de metteur en scène est emprunté au théâtre et *a priori* mal adapté au cinéma, à la fois à cause de la référence à un lieu scénique qui n'existe pas tel quel au cinéma et à la distinction spécifique au théâtre qu'il établit avec l'auteur : au cinéma, la différenciation entre scénariste, dialoguiste et réalisateur est parfois ténue.

MICKEYMOUSING En référence à la bande son des dessins animés, on qualifie péjorativement par ce terme celle d'un film de fiction quand elle ponctue de façon très illustrative et redondante les actions qui ont lieu sur l'écran, par des bruitages imitatifs notamment.

MIDNIGHT MOVIE On appelle « films de minuit » aux États-Unis les séries B à petit budget diffusées en fin de soirée sur les chaînes de télévision locales à partir des années 1950, emblèmes d'une contre-culture opposée à Hollywood. Certains sont devenus des films cultes *(The Rocky horror picture show* de Jim Sharman en particulier).

MIMESIS Le terme grec *mimesis* signifie « imitation », dans un sens à la fois narratologique et représentationnel.

Dans le domaine de la narration, la *mimesis* désigne une forme de récit oral dans laquelle on imite les gestes, les actions et les paroles des personnages : cette forme imitative est condamnée par Platon qui préfère la *diegesis*, le récit à la troisième personne (l'épopée) qui ne mime pas la réalité. Le genre mimétique par excellence est constitué aujourd'hui par le théâtre réaliste. Au cinéma, la monstration procède de la *mimesis*, tandis que la mise en discours et, dans le cinéma fictionnel, en récit (par exemple, le découpage, les mouvements de caméra, le montage qui modifient la perception de spectateur) le fait pencher vers la *diegesis*.

Dans le domaine de la représentation par les arts plastiques, la *mimesis* est l'imitation représentative, l'analogie visuelle, conçue par Aristote dans sa *Poétique* comme expression, manifestation sensible de caractères cachés, qui témoigne du désir de savoir et non seulement de la stricte imitation des apparences.

▶ Diégèse, Monstration.

MISE EN ABYME Ce terme d'héraldique désigne le point central de l'écu qui reproduit l'ensemble du blason (les publicités pour *La vache qui rit* en sont l'emblème moderne). Il a été repris par André Gide pour désigner une forme de récit dans le récit avec rétroaction du sujet sur lui-même. En littérature et au cinéma, il pose les mêmes problèmes de classement et de recherche de critères pertinents.

La mise en abyme est indissociable du procédé du film dans le film ou du cinéma dans le cinéma, dans la mesure où le film second s'inscrit généralement comme reflet du film premier.

▶ Déconstruction, Film dans le film, Transtextualité.

MIXAGE Cette opération de synthèse effectuée en auditorium consiste à assurer l'équilibre des différentes pistes sonores du film en une bande son unique. Le mixeur dose notamment le volume des paroles par rapport aux bruits de l'environnement, corrige et ajuste les effets.

MOCKBUSTER ▶ Parodie, Pastiche.

MODÈLE ▶ Cinématographe.

MODERNE Le concept de modernité est lié, à la fin du XVIIIe siècle, au projet des Lumières et à la naissance de la philosophie de l'art. Il se caractérise dans le domaine esthétique par l'affranchissement de l'art des dominations institutionnelles et morales qu'il subissait – sa constitution en champ (Bourdieu) – et par sa volonté de rompre avec la tradition. Au début du XXe siècle, la novation picturale est ainsi représentée par le cubisme et l'abstraction.

Au cinéma, art neuf majoritairement figuratif et narratif, la notion de modernité est plus difficile à cerner. On oppose la période classique, fondée sur l'esthétique de la transparence, au cinéma moderne d'après-guerre (le néo-réalisme, en particulier) ainsi qu'aux expérimentations formelles avant-gardistes des années 1960 en Europe qui, notamment, déconstruisent le récit pour mettre en lumière ses modes de production.

▶ Déconstruction, Dysnarratif, Postmoderne.

MONSTRATION Inspiré par l'opposition platonicienne entre *mimesis* et *diegesis*, ce néologisme proposé par la narratologie du cinéma désigne le simple fait de montrer, la représentation d'une action par des personnages, comme au théâtre. Conçu par André Gaudreault pour rendre compte de la forme primitive de représentation cinématographique (films uniponctuels, enregistrement de spectacles), il s'oppose à la narration, dont il constitue cependant le premier degré, « l'acte fondateur sans lequel la narration filmique n'aurait pas d'existence » (Gardies).

▶ DIÉGÈSE, *MIMESIS*, NARRATION.

MONTAGE Techniquement, le montage consiste à coller les plans filmés à la suite les uns des autres, dans l'ordre qui a été déterminé par le réalisateur en accord avec le monteur. L'opération de montage a évolué très vite pendant les premières années du cinéma. Les vues Lumière présentaient en caméra fixe un seul plan, mais avant 1905, on a collé bout à bout des plans qui pouvaient s'organiser en récit. Vers 1910, on découvre ce qui correspond au montage actuel, le découpage d'une scène en plans filmés de différents points de vue, qui instaure des relations à la fois sémantiques et formelles entre les plans successifs par le jeu de l'alternance des points de vue (dans le champ-contrechamp, par exemple) et par les raccords.

En cinéma sur pellicule, la durée des plans est limitée par la capacité du chargeur (300 mètres, soit environ onze minutes en format 35 mm). Si certains courts métrages ont pu être tournés en un seul plan, Alfred Hitchcock, dans *La Corde* (1948), feint de faire se dérouler le film en un seul plan alors qu'il comporte onze plans aux raccords « invisibles ». Les caméras électroniques permettent de défier cette contrainte, et Alexandre Sokourov a pu réaliser un long métrage en 2002, *L'Arche russe*, en un seul plan tourné au Steadicam au musée de l'Ermitage.

Le nombre de plans d'un film est variable : très important dans les films muets, et particulièrement chez les cinéastes soviétiques, le nombre est souvent réduit à partir de 1945 : *Les Plus belles années de notre vie*, de Wyler (1946), compte ainsi à peine plus de 500 plans pour une durée de 2 h 50. C'est cependant dans le cinéma moderne, autour de 1970, que certains films ne comptent qu'une dizaine, ou quelques dizaines de plans (chez Garrel, Jancsò, Tarkovski).

Cette disparité du nombre des plans s'explique par des conceptions différentes du rôle du montage. Celui-ci a le plus souvent une fonction narrative : le changement de plan guide notre compréhension de la scène quitte à nous imposer le sens (aussi bien par un gros plan sur un détail que par un montage alterné qui permet de saisir l'action globalement). À l'inverse, le montage peut nous induire en erreur – dans le film noir, par exemple. Le récit dysnarratif se charge précisément de démonter cette fonction narrative, cette attente produite par la fiction, et de susciter notre incertitude par un montage incompréhensible, dont la fonction sera discursive et fortement énonciative (le générique en montage alterné aux faux raccords de *L'Homme qui ment* de Robbe-Grillet, de 1968, en est un exemple instructif). On a opposé longtemps la conception de la transparence du cinéma classique à un montage discursif et ouvertement producteur de sens, à l'œuvre chez les Soviétiques et théorisé par Eisenstein dans la visée d'un discours idéologique, ou dans la modernité. Aujourd'hui, cette opposition est dépassée, les films les plus narratifs intégrant des procédures de montage très appuyées.

Indépendamment de son rôle narratif, le montage a une fonction syntaxique et ponctuative. Il structure l'œuvre, quel que soit le genre, autre que fictionnel, auquel elle appartient : film documentaire, didactique ou encore poétique. Élément majeur de la stylistique, il produit aussi des effets rythmiques et des effets plastiques.

▶ « Montage interdit », Ponctuation, Raccord.

MONTAGE ALTERNÉ Cette forme de montage alterne les plans montrant des actions qui se passent simultanément dans des lieux différents. On peut ainsi montrer tour à tour des poursuivants et des poursuivis qui évoluent dans des espaces qui peuvent être assez proches sans appartenir toutefois au même champ, ou des actions dont le rapport temporel se double d'un rapport de similarité (relation à l'œuvre dans le montage parallèle), comme dans *M le Maudit*, de Fritz Lang (1931), quand la police et la pègre échafaudent des stratégies pour trouver le meurtrier.

MONTAGE COURT Par la succession de plans très brefs, on peut donner un effet d'accélération : *La Roue*, d'Abel Gance, combine en 1920 une intrigue de mélodrame et un traitement de l'image novateur, notamment grâce au rythme du montage qui donne dans certaines séquences une grande impression de vitesse.

MONTAGE CUBISTE Par analogie avec le cubisme analytique, on appelle quelquefois ainsi un mode de montage dans lequel les plans successifs se recouvrent temporellement, décomposant l'image en une mosaïque qui n'exprime pas la successivité temporelle, mais la durée.

À l'œuvre chez Eisenstein, ce montage dit « cubiste » bénéficie d'une certaine vogue actuellement initiée par *Matrix* (Larry et Andy Wachowski, 1999) dans un genre spectaculaire : plusieurs clichés sont pris de la même action, en même temps et de différents points de vue, par un grand nombre d'appareils photo puis traités numériquement. Le procédé, « 3D à rotation figée », donne l'impression de se promener dans l'image en suspendant le temps.

MONTAGE DANS LE PLAN Cette locution assez paradoxale – comment monter *dans* le plan, alors que le montage se fait *entre* les plans ? – désigne ce qu'on appelle aussi quelquefois la « double scène », un plan long présentant en profondeur de champ deux actions qui auraient pu être montées en champ-contrechamp. *Citizen Kane*, de Welles (1941), comprend plusieurs scènes de ce genre, qu'elles soient obtenues par l'objectif ou par des trucages. Eisenstein (*Ivan le Terrible*, 1945) et Angelopoulos utilisent souvent cette esthétique.

MONTAGE DES ATTRACTIONS Dans la théorie d'Eisenstein, le montage des attractions désigne « la juxtaposition de saynètes semi-autonomes, au style volontiers caricatural ou burlesque, comme des attractions de music-hall, auxquelles le terme est emprunté » (Aumont & Marie, 2008). Contrairement à ce qu'on lit quelquefois, cette forme n'est pas liée à une quelconque attirance entre les plans.

« MONTAGE INTERDIT » Cette formule provocante, mais qui ne signifie nullement une interdiction du montage, constitue le titre d'un article d'André Bazin (*Cahiers du Cinéma*, 1953 et 1957). À ce moment-là, et depuis une dizaine d'années, avec certaines œuvres de Renoir, de Welles et des néo-réalistes, l'esthétique du montage valorise le rapport à la réalité filmée, notamment dans la critique française. Bazin écrit : « Quand l'essentiel d'un événement dépend de la présence simultanée de deux éléments, le montage est interdit. » L'essentiel d'un événement est certes chose subjective, mais il donne comme exemple un échange de regards significatif fortement chargé de symbole, qu'il n'aurait pas fallu monter en champ-contrechamp, dans la mesure où le sens dépend de la contiguïté physique. Pour autant, abordant le cinéma pour enfants, il ajoute que dans certains cas le montage et même le trucage ont raison de maintenir l'effet fictionnel.

MONTAGE INVISIBLE Le montage est dit « invisible » quand les raccords masquent la discontinuité spatio-temporelle du récit. Cette forme appartient au cinéma classique et à l'esthétique de la transparence.

▶ Découpage, Discours/récit, Énonciation.

MONTAGE NARRATIF ▶ Découpage.

MONTAGE PARALLÈLE Le montage parallèle, à la différence du montage alterné, alterne des séries d'images qui n'ont entre elles aucune relation de simultanéité. Discursif et non narratif, il est utilisé à des fins souvent rhétoriques de symbolisation, pour créer des effets de contraste ou de comparaison : dans *La Grève*, Eisenstein associe le massacre des manifestants à des plans d'animaux égorgés dans un abattoir. Quand l'alternance se réduit à une seule image, on parle plutôt d'insert non diégétique (le plan de *Furie* où Fritz Lang compare les femmes qui colportent la rumeur à des poules qui caquettent).

Le premier long métrage fondé sur le montage parallèle est *Intolérance*, de Griffith (1916), qui alterne quatre épisodes situés à des moments historiques différents. En 2002, *The Hours*, adaptation par Stephen Daldry du roman de Michael Cunningham, tresse trois niveaux de récit, l'un biographique, la mort de Virginia Woolf, et les autres fictionnels, inspirés par le roman de celle-ci, *Mrs Dalloway*.

▶ Diégèse, Segmentation.

MONTAGE PAR LEITMOTIV Ce type de montage alterne une séquence en plans successifs avec une image récurrente autour d'un thème, pour signifier une idée, une impression, un sentiment : l'image du cahier et de la plume revient régulièrement dans *Journal d'un curé de campagne*, de Robert Bresson (1951).

MONTAGE SON ▶ Mixage, Monteur.

MONTAGE VIRTUEL Virtuel, puisqu'il ne modifie pas le support matériel, ce montage non linéaire est effectué depuis les années 1990 sur moniteur vidéo à partir des *rushes* numérisés du film que le monteur adresse et ordonne sur ordinateur. Le procédé permet d'éliminer les manipulations de la pellicule et donc d'éventuelles dégradations, mais il est surtout plus rapide et multiplie les possibilités de choix : la maquette de montage est modifiable à l'infini.

MONTEUR Le chef monteur, responsable de l'assemblage des images et des sons, travaille souvent en équipe avec un assistant et un monteur son.

MORITONE Cet appareil de projection muni d'un petit écran dépoli, autrefois destiné au montage de la bande image et de la bande son, a été remplacé par les tables à défilement continu.

***MORPHING*, MORPHOSE** Autrefois réalisé par trucage et surimpression d'images, le passage progressif de deux images différentes représentant un même sujet se fait maintenant par traitement informatique. Le *morphing* est très employé dans les films fantastiques, de *La Mouche*, de David Cronenberg (1986), à *Sleepy Hollow*, de Tim Burton (1999), mais aussi dans la comédie de Robert Zemeckis, *La Mort vous va si bien* (1992).

▶ EFFETS SPÉCIAUX, NUMÉRIQUE.

MOTION CAPTURE Cette technique d'animation par images de synthèse consiste à enregistrer les mouvements des corps en temps réel, grâce à des capteurs, pour les utiliser dans l'univers virtuel. De la même façon, l'enregistrement sur ordinateur du jeu des acteurs (*performance capture*) pour le réinvestir sur le personnage virtuel a été réalisé par Robert Zemeckis dans *Le Drôle de Noël de Scrooge* (2008) avec Jim Carrey dans le rôle-titre, et par James Cameron dans *Avatar* (2009).

▶ ANIMATION, NUMÉRIQUE.

MOVIOLA Appareil de montage pour une vision et une écoute individuelles, autrefois très employé aux États-Unis et aujourd'hui remplacé par les tables de montage à défilement continu.

MOUVEMENT D'APPAREIL À la prise de vues, la mobilité de l'appareil est obtenue soit par rotation sur son axe, dans le cas du panoramique, soit par déplacement dans l'espace, pour le travelling. Le pano-travelling allie ces deux effets pour des mouvements complexes réalisés avec des grues classiques (dolly) ou sophistiquées (Louma) ou simplement produits par une caméra portée (à l'épaule pour les plus lourdes, à la main pour les caméras vidéo numériques, légères). Le zoom ou travelling optique, n'est pas considéré comme un mouvement d'appareil, car il n'y a pas déplacement dans l'espace.

Les mouvements sont souvent ambigus et il n'est pas toujours facile de les identifier à la simple vision de l'image.

MOYEN MÉTRAGE Le moyen métrage n'existe pas dans la réglementation française, mais on appelle souvent ainsi les films qui durent entre trente minutes et une heure.

▶ Court métrage.

MUET Le cinéma muet n'a été appelé ainsi qu'à l'apparition du parlant, à partir de 1927, dans la mesure où jusque-là, on n'avait pas perçu l'absence de sons comme un handicap.

Esthétiquement, le cinéma muet est très différent du cinéma parlant, sa spécificité tenant notamment à :

- l'expressivité gestuelle des acteurs qui compense l'absence de dialogue enregistré ;
- l'importance de l'aspect visuel, cadrage et composition des plans ;
- l'importance du montage, pour produire du sens mais aussi du rythme ;
- le privilège accordé à certains objets (visage, objet en gros plans), à certains thèmes (rêverie, fantastique) ;
- la récurrence de certains succédanés des effets sonores (intertitres, gros plans, inserts, effets graphiques).

Cependant, les films muets ne s'appuient pas tous sur les effets expressifs du gros plan et du montage, et inversement, certains cinéastes ont continué à en tirer parti après 1930. Le clivage esthétique existe donc moins entre muet et parlant que, comme l'exprime André Bazin, entre les cinéastes « qui croient à l'image » et ceux « qui croient à la réalité ».

MUSIQUE DE FILM

1. L'accompagnement musical du film a existé très tôt dans le cinéma des premiers temps, en direct (au piano, par exemple) ou enregistré.

Qu'elle soit originale ou arrangée à partir de compositions existantes, la musique de film participe à l'atmosphère du film, de la scène : elle peut l'illustrer, en suggérer une signification, lui servir de contrepoint, rendre homogène l'espace discontinu du champ, identifier un personnage (le thème de Camille dans la musique de Georges Delerue pour *Le Mépris*, Jean-Luc Godard, 1963).

2. On distingue la musique d'écran, dont l'origine est diégétique, *in* ou hors-champ, et la musique de fosse qui provient d'une orchestration, dont la source est *off* (certains auteurs emploient le terme *over*).

N

NARRATEUR ▶ FOCALISATION, NARRATION, POINT DE VUE.

NARRATEUR DÉLÉGUÉ Certains récits sont construits sur une délégation de la narration, en point de vue interne, à un personnage qui raconte ce qu'il sait, ou croit savoir, et quelquefois ce qu'il a vu et entendu. Comme *Citizen Kane*, de Welles (1941) ou *Rashômon*, de Kurosawa (1950), *La Comtesse aux pieds nus*, de Mankiewicz (1954), est conçu sur un système de délégation de la narration à trois personnages qui racontent en *flash-back* lors de ses funérailles ce qu'ils connaissent de la vie de la star de cinéma Maria Vargas (Ava Gardner). À la différence du film de Welles, conçu sur le faux-semblant, ces narrateurs délégués racontent ce dont ils ont « réellement » été témoins, produisant à l'occasion pour un même événement un double point de vue.

▶ ÉNONCIATION, FOCALISATION, POINT DE VUE.

NARRATION Acte et manière de raconter, la narration concerne les modalités particulières avec lesquelles on présente une « histoire » (ou fable) pour qu'elle devienne un « récit ». En narratologie littéraire, deux instances se superposent : l'énonciateur est conçu comme responsable de l'œuvre tandis que le narrateur est responsable du « dire », le récit, ses formes, son organisation, à l'adresse du lecteur narrataire.

À la différence de l'écrit où la position de passeur du narrateur est sensible, l'image se donne à voir directement, elle « montre », cette « monstration » pouvant être organisée à des fins de récit. C'est pourquoi la théorie du cinéma est passée rapidement de l'étude de la narration (Gaudreault, Jost) à celle de l'énonciation (Casetti, Metz).

▶ ÉNONCIATION, FABLE, FOCALISATION, NARRATOLOGIE, POINT DE VUE, RÉCIT.

NARRATOLOGIE Cette discipline, d'abord développée par les études littéraires puis transposée au cinéma, analyse les lois générales de la narration.

Il existe deux types d'approche narratologique : l'une s'intéresse au récit en fonction de son contenu, et a été initiée par le structuralisme et les travaux de Propp, puis développée par Greimas avec l'étude du schéma actanciel. Focalisée sur les mécanismes narratifs, les fonctions des personnages (objet de la quête, adjuvant, opposant, etc.), elle ne prend pas en compte le média propre au récit (oral, écrit, filmé...).

L'autre conception, qu'on peut dire modale, analyse les modes de narration : par qui et de quel point de vue est racontée l'histoire ? Elle travaille sur les relations entre énonciation et narration et tient compte de la matérialité du signifiant : le problème du point de vue physique (l'objectif de la caméra comme œil), très important au cinéma (Jost), n'existe pas avec la même pertinence dans la littérature (Genette).

L'aspect modal de la narratologie concerne aussi la sphère de réception, avec la sémio-pragmatique, qui étudie les relations entre le texte et son récepteur, les problèmes de croyance, la façon dont se noue le contrat de lecture.

▶ Esthétique de la réception, Focalisation, Pragmatique.

NATURALISER Naturaliser l'image, le film, c'est tenter de masquer au maximum leur discours, leurs connotations, suggérer qu'ils ne sont pas produits, mais naturels, innocents de tout travail de manipulation (Barthes).

▶ Connotation, Réalisme, Transparence.

NATURALISME Le naturalisme s'est voulu, dans la littérature du XIXe siècle influencée par le positivisme (Zola, Maupassant), une investigation objective du monde, conçue sur le modèle des sciences.

S'il n'a jamais été proposé de façon pertinente une esthétique naturaliste des films, on a soulevé la question du naturalisme fondamental du cinéma, constituant son essence même, sa qualité objective de trace du réel.

NÉO-RÉALISME Ce mouvement cinématographique italien est né pendant la Seconde Guerre mondiale, influencé à la fois par le cinéma réaliste français de Renoir, Clair, Grémillon, et par la tradition littéraire vériste italienne (Verga), proche du naturalisme. La réflexion critique se structure autour des revues *Cinema* et *Bianco e nero*, avec des intellectuels proches du PCI (Parti communiste italien) : Barbaro, Chiarini, Zavattini (qui allait devenir le scénariste attitré de De Sica), ou encore De Santis. À la fin de la période mussolinienne caractérisée par la production d'un cinéma de divertissement, certains films prennent en compte sans idéalisme la réalité morale et économique de l'Italie, son identité culturelle : *Les Amants diaboliques*, de Visconti (*Ossessione*, 1942), *Quatre pas dans les nuages*, de Blasetti (1942), *Les Enfants nous regardent*, de De Sica (1944). À la Libération, la désorganisation des studios permet aux cinéastes de tourner avec les moyens du bord et d'échapper à l'institution. De 1945 à 1948, sont réalisés *Rome ville ouverte, Paisà, Allemagne année zéro*, par Rossellini, *Sciuscià* et *Le Voleur de bicyclette*, par De Sica, *La Terre tremble*, par Visconti. Il s'agit de présenter sans idéalisation des sujets d'actualité, de rendre compte avec le maximum d'objectivité d'une société corrompue par le fascisme et la guerre. Passée cette période, les réalisateurs s'orientent vers un cinéma plus personnel (Rossellini) ou vers le réalisme critique (Visconti).

▶ CALLIGRAPHISME, RÉALISME, TÉLÉPHONES BLANCS.

9,5 mm Ce format réduit de film destiné aux amateurs a été commercialisé en 1922 par Pathé-Baby.

NICKELODEON Les premières salles de cinéma installées aux États-Unis dans des hangars ont été appelées *nickelodeons*, terme construit sur la pièce de cinq cents, un nickel, qui était le tarif d'entrée, et le mot grec *odeon*, qui signifie théâtre. Ces salles de moins de deux cents fauteuils sont restées la norme jusqu'en 1914 environ, avant le développement des « temples du cinéma » de huit cents places ou davantage.

NOBODY'S SHOT Cette expression désigne en anglais les prises de vues neutres en point de vue « zéro », qui n'appartiennent à aucun regard à l'intérieur de la diégèse.

▶ DIÉGÉTIQUE, FOCALISATION.

NOIR ET BLANC Les pellicules en noir et blanc présentent en fait une image achrome (sans couleur), dans une gamme de gris. Le cinéma muet a très tôt tenté de pallier l'absence de couleur par des coloriages au pochoir, par exemple en colorant en bleu les scènes de nuit. Le film noir américain travaille d'une façon à la fois très esthétique et dramatique les ombres et les lumières. Le noir et blanc est cependant délaissé au moment de la généralisation de la couleur, sauf pour des raisons économiques : les cinéastes de la Nouvelle Vague commencent à tourner en noir et blanc. Il sera remis à la mode par Martin Scorsese pour *Raging bull* (1980) où il crée un effet de réel et par Jim Jarmusch (*Stranger in Paradise*, 1984) qui utilise ses possibilités de façon maniériste. En 2013 Noah Baumbach réalise *Frances Ha* dans un noir et blanc très influencé par le cinéma français et la Nouvelle Vague.

▶ Couleur.

NOUVELLE VAGUE Dans son sens extensif, la Nouvelle Vague (expression de la journaliste Françoise Giroud à propos du renouvellement des générations, appliquée au cinéma) est l'afflux massif à partir de 1959 de premiers films français tournés par de jeunes cinéastes venus d'horizons professionnels très divers alors que l'accès à la réalisation était jusque-là réservé au compte-gouttes aux assistants réalisateurs qui avaient lentement gravi les échelons.

Dans un sens plus restrictif, la Nouvelle Vague est un courant esthétique principalement représenté par les critiques des *Cahiers du cinéma* : Claude Chabrol, François Truffaut, Jean-Luc Godard, dont les premiers longs métrages sortent triomphalement en 1959-1960, puis Jacques Rivette et Éric Rohmer, qui doivent attendre 1962. Le chef opérateur Raoul Coutard, le producteur Georges de Beauregard jouent aussi un rôle important dans la définition d'une nouvelle esthétique et d'une nouvelle économie, plus légères, caractérisées au début par des équipes réduites, des sujets contemporains permettant de limiter les budgets, des éclairages homogènes baignant l'ensemble du plateau plutôt que ciselant le moindre détail du décor ou de la physionomie des comédiens, et par le renoncement au son direct alors trop coûteux.

Dans les deux sens, la Nouvelle Vague connaît un reflux critique et public vers 1962. Dans le sens restrictif, les mousquetaires des *Cahiers du cinéma* suivent chacun un chemin séparé après 1968.

▶ Hitchcocko-Hawksien, Politique des auteurs.

NOVÉLISATION, NOVELLISATION Cette pratique, qui consiste à écrire un livre à partir d'un film déjà réalisé, existe depuis longtemps. Jean-Claude Carrière a ainsi écrit *Les Vacances de Monsieur Hulot*, d'après le film de Jacques Tati ; *2001, l'Odyssée de l'espace* a été successivement une nouvelle d'Arthur Clarke, un film de Stanley Kubrick (1968), puis un roman, et Bruno Dumont a écrit lui-même un livre d'après son film, *L'Humanité* (1999).

La novélisation est aujourd'hui très employée non seulement au cinéma mais aussi pour les séries télévisées et les jeux vidéo.

▶ ADAPTATION.

NUIT AMÉRICAINE Appelée *day for night* par les Américains, la nuit américaine est un effet nocturne obtenu en plein jour grâce à des filtres spéciaux placés devant l'objectif des caméras (filtre rouge ou combinaison de filtres rouge et vert).

La célébrité de ce procédé est due au film de François Truffaut, *La Nuit américaine* (1973), consacré à un tournage.

NUMÉRIQUE Technique de codage de l'information par ordinateur sur le mode binaire, qui permet soit de transférer un film sur pellicule (le numériser), soit de le tourner directement (avec des caméras numériques, ou DV), soit d'intervenir sur la pellicule pour la manipuler (créer des effets spéciaux, mais aussi restaurer des films détériorés), soit enfin de produire des images construites mathématiquement par l'ordinateur, sans passer par des objets du monde : les images de synthèse. Celles-ci nécessitent pour l'instant de très longs et onéreux calculs par ordinateur et servent, au cinéma, à la production d'effets spéciaux, de l'image composite au *morphing*. Des armées virtuelles de *Star Wars : épisode I* (Lucas, 1999) au clonage numérique des scènes de bataille de *Gladiator* (R. Scott, 2000) et aux décors du *Seigneur des anneaux* (Jackson, 2001, 2002, 2003), la technique ne cesse de s'améliorer et de gagner en réalisme.

▶ IMAGE.

OP

OBJECTIF Système optique formé de lentilles de verre, l'objectif transmet les rayons lumineux qui permettent de former une image renversée au fond du boîtier, la chambre noire. L'image est mise au point grâce à des bagues qui ouvrent et ferment le diaphragme pour régler le flux lumineux. L'objectif se caractérise par sa focale, du grand-angle à la longue focale ; le téléobjectif possède une très longue focale, l'objectif macro couvre des champs étroits, le *fish-eye*, au contraire, jusqu'à 180°. Le zoom permet de changer de focale en cours de plan ou entre deux prises.

OBTUS/OBVIE ▶ Punctum.

OCULARISATION ▶ Caméra subjective, Focalisation, Narration, Point de vue.

ŒIL SPECTATORIEL ▶ Dispositif, Identification.

OFF Abréviation de *off screen*, hors écran, ce terme est utilisé pour le son dont la source n'est pas visible à l'écran. Les typologies sont diverses selon les auteurs : la plupart, dont Michel Chion, emploient les termes *in* (dans le champ), hors champ et *off*. Dans ce cas, *off* caractérise un son qui ne peut appartenir à la scène vue parce qu'il est émis d'un autre « site ». Il s'agit alors soit du commentaire fait *a posteriori* sur le récit par un personnage, qui reste un élément diégétique (même si les diégèses, définies par l'espace-temps, ne coïncident pas), soit du commentaire par une voix extérieure à la diégèse. C'est aussi le cas de la place occupée par la musique de fosse. D'autres auteurs préfèrent distinguer les sons *in*, *off* (son venant du hors-champ) et *over*. De fait, nous appelons communément « voix *off* » ce que les Anglo-Saxons nomment *voice over*.

OPÉRATEUR, CHEF OPÉRATEUR Responsables de l'image et des éclairages dans le cas de l'opérateur de prises de vues (ou cadreur, cameraman, directeur de la photographie), de l'enregistrement sonore pour l'opérateur du son ou ingénieur du son.

OURS ▶ Bout à bout.

OUVERTURE À L'IRIS ▶ Effet de liaison, Iris.

OVER *Over*, « par-dessus » en anglais, est utilisé par certains auteurs à la place de *off* pour désigner les sons émis par des sources n'appartenant pas à la diégèse régissant l'image, constituée en espace-temps. Les paroles d'un personnage sur des images du passé dont il fait le récit appartiennent en effet à un autre espace-temps, une autre diégèse (on les dit quelquefois hétéro-diégétiques).

PALIMPSESTE À l'origine, parchemin dont on a effacé le texte initial pour le réutiliser. À propos des relations transtextuelles en littérature, Gérard Genette se sert du terme pour désigner les relations d'un texte – appelé hypertexte – à un texte antérieur, hypotexte. Au cinéma, le terme de palimpseste peut être utilisé au sens propre pour la pellicule que l'on réutilise, ou dans les cas d'adaptation ou de *remake*.

PAN AND SCAN Ce procédé qui recadre les films en scope lors de leur report en vidéo pour une diffusion plein écran élimine les bandes noires au-dessus et en dessous de l'image. Il transforme radicalement le film en coupant jusqu'à 40 % de l'image et en simulant des panoramiques pour conserver la partie de l'image qui contient les informations jugées les plus importantes. Il est fréquent aussi que le *pan and scan* découpe un plan complexe en plusieurs plans, par exemple en une série de champs et de contrechamps sur les deux personnages qui partagent l'image dans le montage originel.

PANORAMIQUE On emploie souvent l'abréviation « pano » pour désigner cette rotation de l'appareil de prises de vues sur son axe. Le panoramique horizontal balaie l'espace de droite à gauche ou de gauche à droite, le panoramique vertical le déploie de haut en bas ou de bas en haut. Sa trajectoire en arc de cercle en fait un mouvement apte à matérialiser le regard d'un personnage immobile mais aussi à restituer rapidement un vaste espace.

Le panoramique d'accompagnement suit une personne ou un objet en mouvement. Le panoramique filé est un déplacement très rapide d'un cadre à un autre, dont les images intermédiaires ne sont pas toujours lisibles. Le pano-travelling allie les effets du panoramique à ceux du travelling.

PANO-TRAVELLING ▸ Mouvement d'appareil, Panoramique.

PANRAMA Ce procédé d'écran total inventé par un Français a été présenté dès 1967. Le principe en a été repris à la Géode, à Paris. L'image est enregistrée en 35 mm avec un objectif *fish-eye* et projetée sur un écran géant semi-sphérique qui donne aux spectateurs l'impression d'être dans l'espace.

PARADIGME En linguistique, un paradigme est constitué par l'ensemble des unités qui entretiennent entre elles un rapport virtuel de substitution (en quelque sorte, c'est une liste des possibles). Rapport virtuel, *in absentia*, puisque l'apparition d'une unité exclut la présence de l'unité qui pourrait la remplacer ; ainsi le choix d'un mot, d'une forme verbale, est envisageable à partir du paradigme plus ou moins ouvert des éléments qui peuvent commuter avec eux. Tout langage se construit sur deux axes, paradigmatique (vertical, du type « ou-ou ») et syntagmatique, horizontal (du type « et-et »).

Au cinéma, « langage sans langue » (Metz), les possibilités de choix sont quasiment illimitées puisqu'il suffit d'une infime variation de l'axe de prise de vues, de l'éclairage, du grain de la pellicule ou de la disposition d'un objet pour obtenir une autre image.

Il n'en reste pas moins que l'ensemble des ressources expressives du cinéma constitue bien un paradigme. Les différentes sortes de montage qui permettent de signifier la successivité ou la simultanéité, les effets de ponctuation, les cadrages, les couleurs, forment des paradigmes toujours susceptibles d'être enrichis de nouvelles significations.

En termes de scénario même, l'ensemble des choix narratifs à effectuer s'organise en paradigme : c'est ce qui a inspiré les jeux de rôles ou des films comme *Le Hasard*, de Krzysztof Kieslowski (1984), *Smoking* et *No smoking*, d'Alain Resnais (1993).

▸ Langage, Syntagme.

PARATEXTE ▶ GÉNÉRIQUE, TRANSTEXTUALITÉ.

PARLANT Le premier long métrage parlant, *Le Chanteur de jazz* d'Alan Crosland, qui comporte deux moments parlants totalisant deux minutes, fut projeté aux États-Unis, en 1927, un an après le premier long métrage sonorisé ; le son était enregistré sur disque. Le premier long métrage entièrement parlant, *Lights of New-York*, de Bryan Foy, est sorti en 1928. Le procédé retenu est celui de l'enregistrement du son par un système optique sur la pellicule, la surface occupée par l'image diminuant pour laisser la place à la piste sonore.

Le parlant eut ses détracteurs parmi les avant-gardes, notamment soviétiques et françaises, qui craignaient que l'accentuation de l'effet de réel n'impose la tendance réaliste du « théâtre filmé » aux dépens d'un cinéma poétique aux recherches formelles, conçu comme un art à part entière.

Quelques grands acteurs du muet ne purent se reconvertir dans le parlant en raison de leur voix, mal acceptée des producteurs et du public, tandis qu'un nouveau genre s'imposait à Hollywood : la comédie musicale.

PARODIE, PASTICHE Ces procédés ludiques sont définis comme l'imitation d'une œuvre, pour la parodie, et l'imitation d'un style, pour le pastiche. Les deux constituent des pratiques hypertextuelles, c'est-à-dire qu'elles engagent des relations entre un texte originel, hypotexte, et un texte dérivé, hypertexte. Au cinéma, *La Folie des grandeurs* (Gérard Oury, 1971) parodie *Ruy Blas* de Victor Hugo, comme *L'Étroit mousquetaire*, de Max Linder (1922), le fait pour le roman d'Alexandre Dumas. Lié à l'écriture même, donc au média, le pastiche cinématographique imite une forme filmique ; c'est actuellement celle du film de famille, paradoxalement défini par l'absence de style, qui s'y prête le plus souvent.

Forme récente de plagiat, le *mockbuster* est un film à petit budget qui copie le sujet, le style ou même la campagne marketing d'un *blockbuster* pour lancer ses ventes en vidéo. À ne pas confondre avec les films « suédés » de *Soyez sympa, rembobinez* (Michel Gondry, 2008) où les vendeurs d'un club vidéo décident de retourner les chefs-d'œuvre qui ont brûlé.

▶ ESTHÉTIQUE DE LA RÉCEPTION, TRANSTEXTUALITÉ.

PEINTURE SUR PELLICULE ▶ DESSIN SUR FILM, NOIR ET BLANC.

PELLICULE On appelle pellicule, ou film, la bande transparente souple recouverte d'une émulsion photographique sur laquelle on enregistre et conserve les images. Le son peut aussi être enregistré sur pellicule.

On employait aussi autrefois le terme « pellicule » à la place de « film » pour désigner une œuvre cinématographique.

PÉPLUM Le genre du péplum, qui fait évoluer une intrigue dans la période de l'Antiquité gréco-latine, est né en Italie au début du XXe siècle, inaugurant une période très faste pour la cinématographie italienne. *Cabiria*, réalisé en 1914 par Giovanni Pastrone avec la caution littéraire de pure forme mais prestigieuse de Gabriele D'Annunzio au scénario, a influencé le cinéma américain et David W. Griffith (*Intolérance*, 1916). Les superproductions abondent alors en films retraçant les aventures quasi mythiques des héros et des rois antiques. Le genre est délaissé par le parlant, et revient en force dans les années 1950, avec de grandes productions (*Ben-Hur*, de William Wyler, 1959, *Les Derniers jours de Pompéi*, de Sergio Leone, 1959) mais aussi beaucoup de films de série B et de nanars-cultes du cinéma bis comme, entre 1960 et 1964, la suite italienne des *Maciste*. Le genre redevient à la mode en 2014 avec *Hercule*, de Brett Ratner, *Noé*, de Darren Aronofsky et *Exodus : Gods and Kings*, de Ridley Scott.

***PERCHMAN*, PERCHISTE** Assistant de l'opérateur du son (ingénieur du son), il est responsable de la perche sur laquelle se trouve le micro.

PERFORMANCE CAPTURE ▶ *MOTION CAPTURE*.

PERSONNAGE Du latin *persona*, le terme désignait en grec le masque porté par l'acteur de théâtre, c'est-à-dire le rôle (dont l'étymologie vient du rouleau porteur du texte). On retrouve cette dualité personnage-acteur dans le théâtre brechtien fondé sur la distanciation, alors que les théories de Stanislavski et l'*Actors Studio* au théâtre et au cinéma tendent vers une double identification, celle de l'acteur à son rôle permettant celle du spectateur au personnage.

Au cinéma, le personnage est construit par deux opérations : on le dote de traits physiques et psychologiques, de gestes, de comportements, d'une voix et d'une manière de s'exprimer, et, ce faisant, on le différencie des autres personnages, sur la base de la complémentarité, de l'opposition, voire de la ressemblance.

Sous l'influence structuraliste, la narratologie a conçu le schéma actanciel (Greimas) dans lequel les personnages sont réduits à des fonctions : l'actant (personnage ou objet) porte seulement les enjeux narratifs du texte et la logique des actions.

La figuration du personnage à l'écran entraîne des effets inconnus de la littérature : dans le cas de la star, il est quelquefois difficile de différencier le personnage de l'acteur. Comme Greta Garbo dans les années 1920 ou Jean Gabin, la personnalité de Gérard Depardieu aujourd'hui paraît indissociable de ses rôles, à de rares exceptions qui gomment son aura pour l'investir fortement dans sa composition (*Le Garçu*, Pialat, 1995). À l'inverse, des personnages comme James Bond ou Tarzan ont été joués par des acteurs différents sans dommage, dans la mesure où ils sont assez typés pour n'être que des vecteurs de l'action.

▶ Acteur, Corps, *Star-system*, Voix.

PHOTOGÉNIE Le terme photogénie, au sens propre « production de lumière », a été investi dans le champ de la photographie et du cinéma pour désigner les objets, généralement des visages, qui restituent bien la lumière, qui sont valorisés et apparaissent sous un jour poétique. On qualifie aujourd'hui de photogéniques des acteurs, des modèles de photographes, qui « accrochent » bien la lumière et sont magnifiés par la photographie.

Dans la conception esthétique des avant-gardes, chez Delluc et Epstein, la photogénie constitue une augmentation sensible de la réalité par son filmage, qu'on peut obtenir par le ralenti, les éclairages, le gros plan. On emploie parfois aussi le terme de « cinégénie ».

PHOTOGRAMME

1. En photographie, le terme désigne des images obtenues par l'action seule de la lumière, sans objectif, en plaçant un objet sur une plaque sensible. Man Ray a réalisé ainsi un grand nombre de photographies aussi appelées, par un jeu de mot sur son pseudonyme, des « rayogrammes ».

2. Au cinéma, le photogramme est une image isolée d'une série photographique enregistrée sur la pellicule. Le film parlant défile à la vitesse standard de vingt-quatre photogrammes par seconde. On utilise égale-

ment ce terme quand on reproduit sur papier une image du film, souvent remplacé par « capture d'écran » depuis l'apparition du numérique.

PHOTOGRAPHIE
1. La photographie est produite avec une chambre noire par l'effet de la lumière sur une plaque sensible enduite d'une émulsion. La caméra cinématographique est un appareil photographique qui permet d'enregistrer à fréquence rapide des images régulièrement espacées.

2. La photographie de plateau est prise au cours du tournage et destinée à la promotion du film. C'est ainsi que la photo la plus connue de *Citizen Kane*, de Welles (Kane, debout, les jambes bien calées sur un sol jonché de journaux) n'apparaît pas dans le film (1941).

PIQUÉ On dit d'une image qu'elle est piquée quand elle est très nette, qu'elle est bien mise au point : elle a un beau piqué.

▶ Définition, Point.

PISTE SONORE On appelle piste sonore la bande optique ou magnétique qui se déroule parallèlement aux images. Par extension, elle désigne l'ensemble des éléments qui constituent le son d'un film, sa bande son.

PITCH Argument d'une intrigue en quelques lignes pour vendre un projet de film, le *pitch* doit être concis et accrocheur pour susciter l'intérêt.

PIXEL Le pixel est le plus petit élément de l'image numérique. Une image haute définition peut être constituée de milliers de pixels.

PIXILATION OU PIXILLATION Cette technique d'animation utilise l'image par image avec des objets ou des interprètes réels. Employée en 1953 par Norman McLaren pour *Voisins* (*Neighbours)*, elle a pour effet de produire des mouvements étranges et saccadés, impossibles au corps humain.

PLAN Le terme est polysémique, et au cinéma la notion de plan se réfère à trois grandes acceptions :

1. Comme l'image fixe, l'image de film est projetée sur une surface plane. Cette surface appelée plan de l'image est parallèle à des plans imaginaires étagés dans la profondeur illusionniste figurée, le long de

l'axe de prise de vues. On dira ainsi qu'un sujet est au premier plan, ou avant-plan, un autre au deuxième plan, un autre enfin à l'arrière-plan.

2. En ce qui concerne l'échelle des plans, le terme de plan se substitue à celui de cadre, puisqu'il s'agit de la grosseur du sujet dans le cadre. De même, dans l'expression plan fixe, le plan est conçu dans le sens de « cadre » : le cadre reste fixe, et cette manière de filmer s'oppose aux mouvements d'appareil. Le plan arrêté consiste en un arrêt sur image.

3. Par extension, on en est venu à appeler plan la plus petite unité du film comprise entre deux collures. Pratique techniquement, cette définition est plus délicate sur le plan théorique, car un montage très court, des surimpressions, ne permettent pas toujours de rendre compte de chaque plan ; par ailleurs, et Christian Metz se heurte au problème dans sa tentative de segmentation, le plan peut avoir une durée très diverse, et une fonction bien différente dans le récit : les onze plans de *La Corde*, d'Alfred Hitchcock, raccordés par trucage et donc apparaissant au spectateur comme un plan-séquence, ne sont pas, sur le plan narratif, l'équivalent d'un insert.

▸ Échelle des plans, Segmentation.

PLAN AMÉRICAIN, D'ENSEMBLE, GÉNÉRAL, MOYEN, RAPPROCHÉ
▸ Échelle des plans.

PLAN AUTONOME Dans le tableau de la grande syntagmatique de Christian Metz, il s'agit d'un plan unique, plan-séquence ou insert, qui s'oppose au syntagme constitué de plusieurs plans.

▸ Plan, Segmentation.

PLAN DE COUPE Plan bref inséré entre deux plans pour assurer la liaison, la continuité visuelle ou narrative.

PLAN D'EXPOSITION Le plan d'exposition (*establishing shot* en anglais), très utilisé dans un mode de narration classique, consiste en un plan assez large, situé au début du film ou d'une nouvelle scène, qui sert de référence aux plans plus serrés afin que le spectateur perçoive la totalité de l'espace et ainsi ait connaissance de l'ensemble de la situation.

PLAN-SÉQUENCE Le plan-séquence est un plan assez long qui possède une unité narrative équivalente à une séquence.

Malgré une définition assez floue, cette notion participe à partir de 1940 de la construction d'un espace réaliste au cinéma avec pour corollaire la profondeur de champ, car les deux permettent d'éviter le morcellement par le montage et de présenter en même temps plusieurs actions, laissant dire à André Bazin que la perception visuelle s'approche du réel et respecte son ambiguïté. Comme tout procédé cinématographique, le plan-séquence peut au contraire être utilisé à des fins non réalistes, jusqu'à l'exacerbation de la durée chez Andy Warhol (*Eat* et *Sleep*, 1963). En hommage à celui de *La Soif du mal* (Welles, 1958), Brian De Palma ouvre *Snake Eyes* (1997) sur un plan-séquence très long (plus de dix minutes) et virtuose, bien que raccordé en numérique. En 2008, Steve McQueen articule son film sur la grève de la faim des militants de l'IRA, *Hunger*, autour d'un plan-séquence central de plus de vingt minutes.

▶ Montage, Plan, Réalisme, Transparence.

PLASTIQUE ▶ Iconique/plastique.

PLATEAU Le plateau, qui fait partie du studio, désigne l'immense hangar insonorisé (depuis le parlant) et occultant la lumière du jour qui sert au tournage. On y installe les décors et des passerelles en hauteur permettent d'installer les projecteurs. Par extension, on appelle plateau le lieu du tournage, même s'il est extérieur.

▶ Photographie, Studio.

PLONGÉE ▶ Angle de prise de vues.

POCKET FILM Tournés en « caméra de poche », sur le téléphone portable, les *pocket films* ont rapidement dépassé le stade de l'amateurisme adolescent pour se constituer en art. Des festivals leur sont dédiés partout dans le monde ; en France, le Centre Pompidou a organisé dès 2005 le Festival Pocket Films où, à côté de jeunes cinéastes, se trouvent des artistes reconnus comme le diariste Joseph Morder dont un long métrage sur mobile utilise ce nouveau langage, *J'aimerais partager le printemps avec quelqu'un* (2007).

POINT Faire le point, mettre au point, signifie rendre l'image enregistrée ou projetée la plus nette possible. Le réalisateur et le chef opérateur peuvent décider de faire varier le point en cours de plan.

▶ Définition, Piqué.

POINT DE VUE
1. Depuis la Renaissance, on appelle point de vue l'emplacement, réel ou imaginaire, depuis lequel une représentation est produite par un peintre utilisant la perspective linéaire : il s'agit donc du point d'où on organise l'image pour le spectateur. Au cinéma, le point de vue correspond de même à l'emplacement de la caméra, « œil » par lequel nous voyons toutes les images, auquel nous nous identifions (identification primaire). Il peut être rapporté au regard d'un personnage (plan « subjectif ») de façon plus ou moins appuyée, du raccord sur regard qui nous place brièvement dans le champ de vision d'un personnage au film entièrement tourné en caméra subjective, comme ceux qui utilisent l'effet amateur (*Le Projet Blair Witch*, de Myrick et Sanchez, 1999). Quand le point de vue n'est pas identifié à un œil dans la diégèse (regard non « diégétisé »), il peut paraître neutre ou au contraire marqué par un choix énonciatif.

2. En théorie littéraire (Genette), le point de vue recouvre la question de la perspective narrative : le savoir conféré par le narrateur au récepteur est-il assimilable à celui d'un personnage, se présente-t-il comme celui d'un témoin, ou encore d'un narrateur omniscient ? Voir n'y est pas dissocié de savoir, à la différence du récit cinématographique dans lequel deux sortes de point de vue, physique (voir/entendre) et cognitif (savoir) peuvent ou non coïncider : celui dont le point de vue oriente le récit n'est pas toujours, et de loin, le détenteur du regard.

▸ Focalisation, Narration, Récit.

POLICIER Un policier, ou polar, désigne un roman et, par extension, un film de genre mettant en scène des truands qui s'opposent à la police pour raconter quelquefois bien autre chose qu'une enquête. En France, dans les années 1960, Jean-Pierre Melville, en reprenant les codes américains, construit de véritables tragédies dans *Le Doulos* (1962) ou *Le Samouraï* (1967).

POLITIQUE DES AUTEURS S'il est aujourd'hui admis comme une évidence que l'auteur du film est son réalisateur, cela a pourtant été l'objet d'âpres batailles théoriques, critiques et juridiques. Selon les époques, les modes de production, ou même les films, on a considéré comme auteur le scénariste, qui invente l'histoire, le metteur en scène, qui la met en récit, ou le producteur, qui est à l'initiative de choix économiques déterminants pour le projet esthétique.

À l'apparition du parlant, le débat s'est développé, en réaction notamment au *star-system* américain, mais c'est dans les années 1950, sous l'influence de ce qui allait devenir la Nouvelle Vague, que la position du réalisateur devient centrale et qu'il est reconnu comme le principal sinon l'unique concepteur de l'œuvre. Les critiques des *Cahiers du cinéma*, eux-mêmes souvent de futurs cinéastes, construisent la figure d'un metteur en scène-auteur dont le style et la personnalité façonnent l'œuvre et en garantissent la qualité, aux antipodes de ce que François Truffaut appelle les « fonctionnaires de la caméra » réalisant à la commande les sujets qui leur sont proposés.

Issue de la politique des auteurs, l'*author theory* des critiques anglo-saxons gomme les excès de cette position, qui conduit à ériger un panthéon restreint d'auteurs portés au pinacle quel que soit le film, excès pointés en France par André Bazin lui-même.

POLITIQUE-FICTION Dans le genre de la science-fiction, les films de politique-fiction s'intéressent à un futur proche. La hantise d'une Troisième Guerre mondiale, les relations Est-Ouest et la menace atomique ont alimenté pendant longtemps ce cinéma, dans un style documentarisant et militant chez Peter Watkins (*La Bombe*, 1965), plus narratif pour John Frankenheimer (*7 jours en mai*, 1964), et sombrement humoristique dans *Docteur Folamour*, de Stanley Kubrick (1964).

PONCTUATION Les règles de ponctuation de la langue sont strictes, qu'il s'agisse des signes graphiques (point, virgule, parenthèses…) ou de l'alinéa constitué par un blanc qui marque le passage à un autre groupe d'idées.

Les tentatives d'assimilation du cinéma à un langage – les grammaires du cinéma, puis la sémiologie – se sont posé la question d'une équivalence entre ces marques formelles et les procédés du cinéma, notamment les effets de liaison entre les séquences, qui, dans le cinéma classique, sont si fortement codés qu'on peut les croire univoques. Ainsi, le fondu au noir à la fin d'une séquence a-t-il été comparé au changement de chapitre. On s'est cependant aperçu que ces effets n'étaient identifiables à une ponctuation qu'en fonction de la place qu'ils occupaient.

Il n'y a donc pas de système ponctuatif constitué au cinéma, mais un usage ponctuatif des effets optiques. On tend aujourd'hui à penser que tout effet particulièrement marqué (avec ou sans trucage) est assimilable à une ponctuation.

▶ Coupe franche, Effet, Segmentation.

PORNO, FILM PORNOGRAPHIQUE ▶ *Hardcore*, X.

POSTMODERNE Le concept de postmodernité est apparu dans les années 1970 pour signifier la fin de la modernité telle qu'elle a été pensée par le projet des Lumières, au XVIIIe siècle, projet que certains philosophes jugent abandonné (Lyotard), d'autres inachevé (Habermas).

En opposition aux avant-gardes accusées de précipiter la décadence de l'art, le postmodernisme se conçoit (en architecture, en peinture, en littérature) comme une esthétique intégrant tradition et novation par le jeu de la citation et du deuxième degré, de l'hétérogénéité culturelle et du mélange des genres, et caractérisée surtout par le souci de communiquer avec le public, exclu de fait du projet moderne. Cette volonté de communication se traduit en architecture, en peinture, en littérature, par la superposition de plusieurs niveaux signifiants : *Le Nom de la rose*, d'Umberto Eco contient ainsi une intrigue policière (adaptée par Jean-Jacques Annaud au cinéma en 1986), une réflexion d'ordre narratologique, une somme érudite sur les hérésies au Moyen Âge.

Au cinéma, c'est une notion difficile à cerner (Godard ne pourrait-il être qualifié à la fois de moderne et de postmoderne ?). Certains auteurs l'associent à l'idée de cinéma-spectacle et à l'affaiblissement du récit, dans la voie d'une réflexion sur de nouveaux modes de réception cinématographiques, mais sans tenir compte de la volonté d'une communication en strates.

POSTPRODUCTION Cet anglicisme désigne toutes les opérations qui suivent le tournage, en ce qui concerne aussi bien la fabrication du film (montage, mixage) que le tirage des copies.

POSTSONORISATION ▶ Postsynchronisation.

POSTSYNCHRONISATION Enregistrement du dialogue, en auditorium, généralement, en cherchant le synchronisme avec les mouvements des lèvres visibles à l'écran. Si l'enregistrement est fait par un autre comédien que celui présent au tournage, on parle plutôt de doublage.

Certains cinémas nationaux, comme le cinéma italien, pratiquent plus la postsynchronisation que d'autres.

▶ DOUBLAGE.

PRAGMATIQUE La pragmatique constitue la branche de la sémiologie qui met l'accent, dans tout acte de langage, sur l'interaction entre le locuteur et son récepteur et sur le contexte de production de l'énoncé.

Une pragmatique du film consiste à le relier au contexte social dans lequel il apparaît : à la fois le contexte institutionnel (système économique, modes de projection, de diffusion), l'approche visée par le réalisateur dans son action, mais aussi les modes de réception du consommateur, qui évolue lui-même dans un espace social déterminé.

Dans une visée sémio-pragmatique, élaborée par Roger Odin, le film ne possède pas un sens en soi, la production de sens d'un texte procède à la fois de l'espace de la réalisation et de l'espace de la lecture. Des procédures sont à la disposition de l'émetteur et du récepteur dans l'espace social – le contexte – où ils opèrent. Les études pragmatiques s'intéressent donc à la manière dont le film parvient à programmer son récepteur (Dayan, Casetti), à l'inciter à un mode de lecture, mais aussi à la façon dont le récepteur peut aussi, à l'inverse, perturber cette lecture et agir sur le texte.

Odin postule qu'il existe dans une société donnée un certain nombre de modes de production de sens ou d'affects par lesquels le cinéma nous conduit à un type d'expérience particulier. Si le mode documentaire vise à informer et le mode argumentatif à convaincre (films didactiques), le mode spectaculaire vise à distraire, le mode fictionnel à faire vibrer au rythme des événements racontés, le mode énergétique à faire vibrer au rythme des images et non plus en fonction d'une narration (le film « pyrotechnique »), le mode privé nous fait revenir sur notre vécu (le film de famille), le mode artistique vise à mettre en lumière un projet d'auteur, le mode esthétique à susciter l'intérêt pour la forme.

PRAXINOSCOPE Inventé en 1877 par Émile Reynaud, cet appareil est composé d'un cylindre muni de miroirs autour duquel tourne un tambour illustré de dessins qui décompose les mouvements de personnages. Les images reflétées dans les miroirs donnent ainsi l'illusion du mouvement.

PRÉCINÉMA Il s'agit de la période du XIXe siècle précédant l'apparition du cinéma et des diverses inventions qui le préfigurent : projection d'images avec la lanterne magique, les ombres chinoises, figuration du mouvement à partir de dessins ou de photographies (praxinoscope, zoopraxiscope, folioscope, etc.). Un film de Bill Douglas, *Comrades* (1986), distribué en France en 2014, utilise ces procédés de façon très inventive dans sa narration.

PRÉ-CODE ▸ CINÉMA PRÉ-CODE.

PRÉGÉNÉRIQUE Brève scène d'introduction placée en ouverture du film, avant le générique, pour plonger le spectateur dans l'action.

***PREQUEL*, PRÉQUELLE** Néologisme composé sur le modèle de *sequel*, suite en anglais, le *prequel* ou antépisode constitue un épisode d'une œuvre déjà réalisée, mais dont l'action se situe avant du point de vue de l'univers de la fiction. Il existe au cinéma de nombreux exemples de films à grand succès dont on exploite toutes les potentialités. Le dernier épisode de la vie d'Hannibal Lecter (plusieurs films lui ont été consacrés, dont *Le Silence des agneaux*) a pour titre *Hannibal : les origines du mal*. Le *prequel* peut aussi résulter d'un projet à long terme : George Lucas a délibérément sorti les épisodes 4, 5, 6 de *Star Wars* avant les épisodes 1, 2 et 3.

PRESS-BOOK

1. Dossier de presse distribué aux journalistes au moment des projections de presse pour faciliter et orienter leur travail.

2. Photographies et coupures de presse qui servent pour un acteur à se faire connaître des réalisateurs et des producteurs.

PREVIEW La *preview* (projection test), très courante aux États-Unis, consiste à projeter un film presque terminé devant un public choisi, de façon à pouvoir éventuellement remanier le montage en fonction des réactions recueillies sous la forme de questionnaires, voire de discussions. Les retouches peuvent aller jusqu'au retournage de certaines scènes, ou à l'ajout de nouvelles scènes.

La *sneak preview* (projection surprise) est une *preview* organisée dans une salle de cinéma après la projection du programme normal : le public ne sait alors pas quel film il va découvrir.

PRIMITIF ▶ Cinéma des premiers temps.

PRISE DE SON L'enregistrement du son peut se faire en synchronisme avec la prise de vues (prise de son direct), ou non (prise de son seul, postsynchronisation, bruitages).

PRISE DE VUES La prise de vues est l'enregistrement sur la pellicule, lors du tournage, d'une série d'images photographiques successives.

Le terme est utilisé pour les images photographiées à partir d'une réalité apparente et non dans le cas de l'image de synthèse (y compris dans le cinéma d'animation, sauf dans le cas du dessin ou de la gravure sur pellicule).

PRODUCTEUR La mise en œuvre du film est assurée par le producteur, à qui incombe la tâche de trouver les capitaux, d'engager les membres de l'équipe de réalisation, de surveiller la préparation puis la gestion et l'administration du tournage, tâches généralement déléguées à un producteur exécutif ou producteur délégué dans le cadre d'une coproduction.

Le rôle du producteur est très varié selon le type de production – film à petit budget ou superproduction –, mais aussi selon le mode de conception du travail : Hollywood a connu l'époque des « nababs » ou « tycoons », producteurs régnant en maître absolu sur les studios. La plupart des producteurs actuels sont liés à de grandes firmes de production et de distribution ; certains cependant restent indépendants et il arrive que des réalisateurs s'autoproduisent.

Le producteur est aussi un découvreur de talents, et certains producteurs sont pleinement identifiés aux œuvres des réalisateurs qu'ils accompagnent, comme Anatole Dauman (de Resnais, Marker, Bresson à Oshima), Georges de Beauregard pour la Nouvelle Vague, Paulo Branco (Oliveira, Ruiz).

PRODUCTION Activité consistant à mener à bien un projet de film en réunissant les capitaux et l'équipe et en assurant le suivi de l'entreprise, la production est l'étape qui se poursuit normalement par la distribution et l'exploitation du film.

La coproduction réunit plusieurs partenaires, quelquefois de nationalité différente. La superproduction engage d'énormes moyens humains (*casting*, figuration, techniciens...) et financiers.

PROFILMIQUE Dans le vocabulaire de la filmologie, ce terme désigne l'ensemble des éléments spécialement agencés pour le tournage (décors, accessoires...) et permet de distinguer les films de fiction par opposition aux films documentaires que caractérise l'aspect afilmique.

PROFONDEUR DE CHAMP Ce terme technique désigne la portion d'espace dans laquelle l'image est nette. Il ne faut pas le confondre avec la profondeur de l'espace représenté. Un espace profond peut être photographié avec peu de profondeur de champ : il peut devenir flou dès le second plan et on ne distinguera pas les détails de l'image. Une grande profondeur de champ est obtenue par l'utilisation de courtes focales et la fermeture du diaphragme (ou par trucage).

Le choix de la profondeur de champ est révélateur de la construction du récit car elle désigne ce qui est à voir – et crée ainsi de la narration par la multiplication des actions au premier plan, à l'arrière-plan... –, sans toutefois paraître l'imposer (ce que fait le montage). Le cinéma primitif avait besoin de la profondeur de l'espace car les vues, même montées bout à bout, proposaient chacune un angle de prise de vues unique ; à partir du moment où on a analysé et découpé une scène en plusieurs plans, la profondeur s'est avérée moins utile. Son utilisation à partir de 1939 par Welles, Renoir ou Wyler a paru suscitée par un désir de réalisme car la vue d'un espace large et net en profondeur permet de produire une perception visuelle proche de la réalité, ce qu'empêche le découpage des plans, et donc de respecter l'« ambiguïté ontologique du réel » (Bazin). Cette thèse réaliste a été contestée, notamment dans le cas de Welles.

▶ Classique, Montage, Réalisme, Transparence.

PROJECTEUR

1. Sur le tournage, les projecteurs constituent les sources d'éclairage, sur pied ou fixées sur les passerelles du studio. Ces boîtes métalliques pourvues de lampes sont orientables, et permettent de canaliser et de modeler avec leurs volets le flux lumineux grâce à des lentilles.

2. À la projection, c'est l'appareil qui projette les images sur l'écran.

PROLEPSE ▶ *Flash-forward*.

PULSION SCOPIQUE Dans le vocabulaire de la psychanalyse, la pulsion scopique se définit comme le désir de voir. Elle est au centre du dispositif cinématographique, et c'est pourquoi les théoriciens ont comparé le spectateur à un voyeur. De nombreux films – et en premier lieu *Le Voyeur* de Michael Powell (1960), *serial killer* scoptophile – suggèrent, pour le dénoncer, le rapport spectatoriel à l'image.

PUNCTUM Roland Barthes a dissocié deux niveaux de sens à propos de l'image photographique, le *studium*, qui résulte explicitement de l'intention de l'auteur, et le *punctum* – « ce qui me point » –, élément de l'image qui paraît sans signification intentionnelle mais renvoie à la subjectivité du spectateur et influe sur sa perception de l'image. Le *punctum* recouvre en partie la notion de sens obtus développée par Barthes en opposition au sens obvie à propos du cinéma.

PYROTECHNIQUE Dans la pensée du philosophe Jean-François Lyotard, le film pyrotechnique privilégie le support de l'image au détriment du contenu, dans une débauche d'énergie, de mouvement. On qualifie ainsi aujourd'hui les films spectaculaires sur le modèle de *La Guerre des étoiles* (Lucas, 1977).

QR

QUALITÉ FRANÇAISE Le label « qualité française » est paradoxalement connu par les cinéphiles dans son sens péjoratif. Désignant la qualité de la tradition cinématographique française, il a été utilisé par François Truffaut en 1954 dans les *Cahiers du cinéma* pour dénoncer la sclérose et l'académisme de cette tradition, et critiquer à la fois les cinéastes (Autant-Lara, Delannoy, Clément) et leurs scénaristes (Aurenche et Bost en tête), qualifiés de « Viollet-le-Duc de l'adaptation » par André Bazin. La Nouvelle Vague rompt ainsi avec le « cinéma de papa » et met en œuvre une nouvelle conception, la politique des auteurs.

▸ ADAPTATION.

QUATRIÈME MUR Le concept de quatrième mur est au cœur de la conception réaliste du théâtre : pour susciter une croyance dans l'univers fictionnel, la scène, matériellement limitée de trois côtés, doit se doter d'une quatrième cloison qui la sépare imaginairement des spectateurs. Pour cela, les acteurs ne doivent pas entrer en interaction avec le public, ni par le regard ni par la parole. On retrouve au cinéma cette convention d'un quatrième mur, sous une forme un peu différente car l'interaction avec le public n'y est pas possible : le tabou du regard caméra dans l'esthétique de la transparence participe à la construction d'un univers diégétique clos. Comme l'a fait radicalement le théâtre contemporain, le cinéma moderne a contribué à modifier la relation entre le film et son spectateur.

▸ RÉALISME, TRANSPARENCE.

QUEER Étrange, louche, bizarre : homophobe à l'origine, le terme « *queer* » a été récupéré aux États-Unis dans les années 1990 pour lutter contre les formes de représentation dominantes qui rejettent les identités jugées « déviantes ». Théorisé dans la mouvance des *gender studies* pour remettre radicalement en cause l'équation donnant le sexe biologique comme producteur du genre et de l'identité sexuelle, le mouvement *queer* s'articule sur une critique de la société hétéronormée qui n'épargne pas la culture gay dominante, blanche et issue des classes moyennes, et cherche à donner une visibilité à d'autres groupes : lesbiennes, transgenres, prostituées, mais aussi minorités ethniques et handicapés. Ainsi, en marge du système, les films *queer* de Gregg Araki, Derek Jarman ou Tod Haynes transgressent-ils les normes hollywoodiennes de représentation des sexes pour dynamiter la construction sociale des identités.

▶ *Camp, Gender studies.*

RACCORD Au montage, les raccords assurent la continuité visuelle et diégétique entre deux plans. On distingue en général :

- les raccords dans l'axe : en changeant l'échelle de plan (par exemple en passant d'un plan moyen à un plan rapproché), la caméra conserve le même axe de point de vue pour ne pas gêner la perception du spectateur ;
- les raccords de direction : les déplacements s'effectuent dans le même sens au cours de plans successifs. Eisenstein au contraire monte dans *Le Cuirassé Potemkine* (1925) des plans de voiliers allant dans des sens différents ;
- les raccords de mouvement, de geste : le mouvement ébauché dans un plan est continué dans le suivant. Il peut s'agir d'un raccord diégétique montrant les gestes d'un même personnage, ou d'un raccord plastique concernant deux personnages différents : dans *M le maudit* (1931), Lang effectue un raccord plastique et sonore sur le geste et les paroles de deux personnages en montage alterné, pour signifier une comparaison ;
- les raccords purement plastiques faisant jouer la métonymie, un effet de contiguïté entre formes et couleurs : dans *Citizen Kane*, de Welles (1941), le papier blanc se métamorphose en neige ;

– les raccords de regard : à un premier plan sur le personnage succède un contrechamp montrant ce qu'il voit. Le point de vue est ainsi diégétisé, pris en charge par le personnage, ce qui assure la consécution des événements et suscite l'identification secondaire.

Le cinéma classique est fondé sur la technique du raccord qui assure la cohésion et l'homogénéité du récit, le gommage des traces d'énonciation, l'esthétique de la transparence. Le montage discursif des cinéastes soviétiques, comme certains courants du cinéma moderne, refusent de se plier à ces règles.

▶ Faux raccord, Saute.

RALENTI Ce trucage du temps s'obtient, à l'opposé de l'accéléré, par une augmentation de la cadence à la prise de vues accompagnée d'une cadence normale à la projection.

RÉALISATEUR Responsable du film sur le plan artistique et technique, il assure direction et mise en scène. Le terme a l'intérêt d'être générique quand le cinéaste peut être amateur ou vidéaste et que la notion de metteur en scène renvoie au théâtre.

RÉALISME Le réalisme en art se fonde sur l'idée que notre perception est capable de garantir l'authenticité de la représentation du monde réel, s'opposant en cela à la méfiance de Platon pour la *mimesis*. En peinture, en littérature, ce projet est passé par la substitution des modèles réels aux modèles idéaux de l'Antiquité.

Les débats entre Poussin et Le Caravage, la rupture introduite par Courbet au milieu du XIXe siècle, la conception romanesque de Balzac, puis des naturalistes, ont fait du réalisme une préoccupation de plus en plus centrale de l'art jusqu'au XXe siècle où, précisément, la peinture va s'en détourner magistralement.

Le cinéma en hérite, on pourrait presque dire par nature, à cause de son aptitude à la figuration et à la monstration, que les avant-gardes avaient tenté de conjurer. Malgré des tendances plus réalistes que d'autres pendant le muet, le projet réaliste s'identifie longtemps à des techniques de récit où domine l'esthétique de la transparence du cinéma classique. Les années 1940 donnent un nouveau souffle au réalisme cinématographique en s'interrogeant sur les formes – la profondeur de champ, le plan-séquence, l'effacement de l'énonciation –, mais aussi les sujets : le néo-réalisme italien s'empare de sujets sociaux, tabous pendant la période mussolinienne.

Si la notion de réalisme est relative et sujette aux modifications de l'espace social, le réalisme cherche à la fois à construire un univers semblable au nôtre produisant un fort effet de réel (ce en quoi il est le comble de l'illusionnisme) et à donner une information authentique sur le monde : il s'agit, idéalement, de croire en la capacité du cinéma à révéler le réel (André Bazin).

▶ QUATRIÈME MUR, TRANSPARENCE.

RÉALISME CRITIQUE Le concept de réalisme critique a été élaboré par le philosophe hongrois György Lukàcs. À la différence des formalistes comme Bertolt Brecht, pour qui l'appréhension d'une réalité contemporaine ne peut passer que par le renouvellement des formes, il pense que les constructions narratives du XIXe siècle sont seules capables d'évoquer globalement la réalité sociale, à partir de la notion de « héros problématique », porteur d'un malaise social. Il s'agit donc d'utiliser ces formes romanesques héritées du passé pour les investir d'un contenu nouveau.

Au cinéma, le réalisme critique peut passer par l'adaptation : ainsi Luchino Visconti s'est-il servi d'une nouvelle du XIXe siècle pour, dans *Senso* (1954), mettre en question à la fois l'histoire passée et l'histoire contemporaine de l'Italie.

▶ CONTENUISME.

RÉALISME POÉTIQUE Issu du mouvement du réalisme magique (associé dans un premier temps à la Nouvelle Objectivité, *Neue Sachlichkeit*) qui, à partir de l'Allemagne des années 1920, a investi la peinture, la photographie et la littérature dans de nombreux pays (la France et la Belgique, les pays de langue espagnole...), le réalisme poétique au cinéma est marqué par un grand soin apporté à l'image et une poétisation qui déréalise paradoxalement des situations sordides traitées souvent avec un souci documentarisant. Les intrigues présentent des personnages dominés par leur destin, à la limite du stéréotype ; le conditionnement social n'y est pas mis en perspective historique ou politique, mais reste soumis à une fatalité universelle. *L'Atalante*, de Jean Vigo (1934), *La Rue sans nom*, de Pierre Chenal (1933), *Quai des brumes*, de Marcel Carné (1938), sont parmi les œuvres les plus marquantes de cette période.

REBOOT Proche des notions de *remake* et de série, mais aussi de *prequel*, le *reboot* est une nouvelle version qui tente de relancer un film ou une série en « redémarrant » (c'est le sens du terme anglais) sur de nouvelles bases.

RÉCEPTION ▶ Esthétique de la réception.

RÉCIT Le récit est, en narratologie littéraire, « l'énoncé narratif qui assure la relation d'un événement ou d'une série d'événements » (Genette). Il est à dissocier de l'histoire (ou fable), succession des événements à narrer encore indépendante du média qui va l'organiser en récit.

Dans une perspective phénoménologique, Christian Metz a proposé une définition s'appuyant sur différents critères :

- le récit est clos, il a un début et une fin, même si les événements qu'il raconte, eux, ne sont pas terminés ;
- le récit a une double temporalité : celle de la chose racontée, qui peut se dérouler sur des années, celle du récit lui-même, qui durera dans le cas d'un film environ une heure et demie et dans celui d'un livre, le temps de la lecture ;
- le récit est toujours du discours : il est raconté par quelqu'un, par une instance extérieure, à la différence du monde qui n'est raconté par personne ;
- le récit raconte des événements, et ne peut les raconter que parce qu'ils sont passés : la narration commence quand l'événement est terminé.

L'approche cognitiviste s'intéresse aux procédures innées ou acquises qui permettent au spectateur de construire le film (la notion de « *scripts* cognitifs », séquences stéréotypées d'événements) et étudie les relations de causalité entre les événements racontés (Bordwell, Branigan).

▶ Discours, Énonciation, Fable, Narration.

RÉCIT ÉCLATÉ ▶ Film choral.

RED HERRING En français « hareng rouge » ou « hareng saur », le *red herring* consiste à lancer le spectateur sur une fausse piste pour faire rebondir le suspense.

RÉDUIRE ▶ Gonfler.

RÉFLEXIVITÉ ▶ Film dans le film, Mise en abyme.

REGARD CAMÉRA ▶ Adresse à la caméra.

RELAIS (FONCTION DE RELAIS) ▶ Ancrage.

RELIEF ▶ Stéréoscopie, 3D.

REMAKE Terme assez flou qu'on réserve généralement aux films qui utilisent le scénario d'un film précédent, quand ils ne sont pas adaptés d'une œuvre littéraire célèbre avant la réalisation. Ainsi, *Germinal*, de Claude Berri (1993), ne constitue pas un *remake* du film d'Yves Allégret (1963), mais *Les Nerfs à vif*, de Martin Scorsese (1991) est considéré comme un *remake* du film homonyme de Jack Lee Thompson (1962), malgré leur origine littéraire commune mais obscure.

Le *remake* ne se présente pas toujours comme tel, même si le cinéma classique l'a pratiqué ouvertement, dans une stratégie commerciale. Un cas extrême est constitué par *Psycho*, de Gus Van Sant, en 1998, qui reprend plan par plan le film d'Alfred Hitchcock réalisé en 1960 ; en 2008, Michael Haneke fait de même (*Funny games US*), mais à partir d'un de ses propres films (*Funny games*, 1997).

▶ Adaptation, Transtextualité.

REMPLOI, RÉEMPLOI Le terme de remploi est actuellement préféré à réemploi, mais on utilise également « reprise ». Il s'agit d'un procédé artistique qui, dans les arts visuels, réinvestit matériellement des images ou des fragments d'images issus d'un autre contexte dans un geste de réappropriation engendrant une transformation du sens qui excède la simple citation ou l'hommage.

Au cinéma, le terme désigne les diverses formes de collages, de réassemblages d'images et de films de nature artistique ou non : images et documents d'archives ou d'actualité (*stock shots*), *found footage* d'origines diverses. Certaines formes de remploi sont institutionnalisées : la bande-annonce utilise les images du film, le documentaire se sert des images d'archives. Dans l'art vidéo où les images sont retravaillées dans une visée plastique, dans l'essai ou l'autofiction, mais aussi dans le cinéma de fiction (Godard en est la figure tutélaire), le remploi génère des formes cinématographiques hybrides caractéristiques de notre époque.

▶ FILM DANS LE FILM, POSTMODERNE, *VJING*.

REPÉRAGE Les repérages constituent la recherche des décors réels, extérieurs et intérieurs, qui servent au tournage du film.

REPRÉSENTATION Étymologiquement, représenter signifie « présenter de nouveau ». L'image, qu'elle soit picturale, photographique, filmique, est un tenant-lieu. On considère que l'image, même la plus analogique (celle qui ressemble parfaitement à son sujet), met en jeu des conventions à la fois techniques (la ligne, par exemple, est une convention du dessin qui n'existe pas dans le réel) et socioculturelles : nous ne voyons que ce que nous avons appris à voir, selon la conception de la société dans laquelle nous évoluons.

▶ ANALOGIE, EFFET DE RÉALITÉ/EFFET DE RÉEL, FIGURATION.

RESTAURATION La restauration désigne l'ensemble des moyens mis en œuvre pour présenter le film le plus conformément possible à son état initial. Cela concerne aussi bien les travaux à effectuer sur une pellicule dégradée que la reconstitution de l'ordonnancement des plans et séquences.

ROAD MOVIE Dans les années 1960, on voit se multiplier les *road movies*, films narrant les errances de bandes de motocyclistes sur les routes américaines immortalisées par *Easy Rider* en 1969, film culte de Dennis Hopper. Ils mettent en scène une marginalité confrontée à l'intolérance de la population.

On qualifie plus tard de *road movie* des errances non violentes et plus individuelles, notamment les films de Wim Wenders (*Au fil du temps*, 1975) ou ceux de Jim Jarmusch (*Stranger Than Paradise*, 1984). *Thelma et Louise*, de Ridley Scott (1991), innove en mettant en scène des personnages féminins.

RUNAWAY PRODUCTION On emploie le terme *runaway*, « fugitif » en français, pour les productions se faisant à l'écart d'Hollywood.

▶ INDÉPENDANT.

RUNNING GAG ▶ GAG.

RUSHES Les *rushes* sont les « bouts », les épreuves, les prises de vues tournées et tirées, qui sont projetées devant l'équipe dans l'ordre de numérotation du découpage. Il s'agit d'évaluer le travail et éventuellement de refaire des prises.

S

SAMPLER, SAMPLING Sur le modèle de la musique « samplée », échantillonnée sur ordinateur pour être mixée, des images de toutes natures sont enregistrées et utilisées dès les années 1960 (Bruce Conner) pour des films-collages, flots d'images qui prolongent la pratique du remploi de pellicule, le *found footage*, et préfigurent le *Vjing*.

▶ ART VIDÉO, REMPLOI, *VJING*.

SATURATION La saturation désigne le degré de pureté d'une radiation colorée en fonction de la quantité de blanc qu'elle contient : une image saturée a des couleurs intenses, si on la désature, elle devient blanche.

SAUTE Le terme désigne tout faux raccord qui constitue un manque dans la continuité visuelle, qu'il provienne d'un défaut de montage ou, à la projection, de l'absence de quelques images due à la détérioration de la pellicule : c'est souvent le cas des vieux films, imparfaitement ou pas du tout restaurés.

Il s'agit aussi d'une forme de raccord (*jump cut*) obtenu en coupant quelques images au milieu d'un plan, de façon perceptible ou non. Cette technique, qui permet d'évacuer les temps morts, est utilisée par le documentaire et le reportage à la télévision.

La saute est devenue une pratique discursive et affichée, une signature stylistique, avec *À bout de souffle*, de Jean-Luc Godard, en 1959 : les mouvements des personnages y ont un aspect saccadé, tandis que le passage de plan à plan perd sa fluidité par le jeu des faux raccords.

▶ ELLIPSE, MODERNE, MONTAGE.

SCÉNARIMAGE ▶ *STORYBOARD*.

SCÉNARIO De l'italien *scenario* qui signifiait « décor », le scénario d'un film est le canevas rédigé des épisodes du film, qui ne donne pas, ou peu, d'indications techniques (ce sera le rôle du découpage). Par anglicisme, on appelle parfois *script* le scénario.

Le scénariste est un spécialiste de l'écriture de scénario, qui travaille sur scénario original ou sur adaptation. Son travail est complété le cas échéant par un dialoguiste. Plusieurs scénaristes peuvent travailler à un même film, ensemble, parallèlement ou successivement.

SCÈNE Étymologiquement, la *skênê* grecque est une construction de bois au milieu de l'aire de jeu. Par extension, la scène a désigné cette aire de jeu, le plateau, puis le lieu imaginaire où se déroule l'action. De cette acception matérielle, on est passé à l'action elle-même : la scène est au théâtre une partie d'un acte.

Au cinéma, on retrouve les deux sens : la mise en scène se traduit par l'organisation des acteurs dans l'espace, et la scène est définie par son unité d'action.

À la suite des travaux de Christian Metz sur la segmentation du film, les analystes du cinéma différencient souvent scène et séquence en utilisant la référence à la pièce de théâtre : la scène se fonde sur la continuité de la suite de plans et donc une durée réelle, à la différence de la séquence marquée par les ellipses temporelles. L'esthétique réaliste, à partir des années 1940, a valorisé la notion de scène qui permet de retracer un événement dans sa totalité et d'en respecter la réalité (Bazin, Kracauer).

SCIENCE-FICTION À la différence du fantastique plutôt tourné vers le passé ou le présent, la science-fiction ou SF imagine un avenir plus ou moins lointain qu'elle met en scène en inventant un décor et des accessoires futuristes, comme l'architecture et les robots de *Metropolis* (Lang, 1927).

Certains films de science-fiction utilisent le genre comme des paraboles pessimistes pour évoquer notre monde (*Soleil vert*, Richard Fleischer, 1973), et des réalisateurs connus pour leurs exigences ont tourné des films de science-fiction, comme Chris Marker (*La Jetée*, 1963) ou Jean-Luc Godard (*Alphaville*, 1965). Une grande partie de la production de science-fiction, notamment le *space opera* où les personnages voyagent dans l'espace, est vouée à l'invention d'effets spéciaux, et évolue vers le spectaculaire, ce qu'on appelle aussi le cinéma pyrotechnique (*La Guerre des étoiles*, George Lucas, 1977).

SCOPE Le scope, abrégé du nom de la marque Cinémascope, est un procédé qui permet de projeter un film standard sur écran large en utilisant un dispositif anamorphoseur.

SCOPITONE Cet appareil à la mode dans les cafés français des années 1960 permettait, sur le principe du *juke-box*, de regarder des saynètes de trois à quatre minutes en 16 mm couleurs proposant une chanson de variété filmée en *playback*, en payant par jeton ou monnaie.

SCREEN TEST Ces séances filmées destinées à tester des acteurs devant la caméra ont acquis un statut artistique dans le cas d'Andy Warhol, dont on peut voir les différents films qu'il a ainsi réalisés, notamment avec John Giorno ou Dennis Hopper.

SCREWBALL COMEDY La *screwball comedy* est l'un des grands sous-genres de la comédie hollywoodienne avec le *slapstick* et la *sophisticated comedy*. C'est une comédie loufoque, enlevée, qui se déroule dans des milieux populaires, comme en réalise Frank Capra à ses débuts (*Blonde platine*, 1931) ou Gregory La Cava (*Mon mari le patron*, 1935).

SCRIPT ▶ Découpage, Scénario.

SCRIPTE Le ou la scripte, aussi appelé secrétaire de plateau, est le collaborateur direct technique et artistique du réalisateur. Ses rapports quotidiens de tournage, à tous les stades de la réalisation et du montage, permettent d'assurer la continuité du film.

SECONDARITÉ ▶ Film dans le film, Transtextualité.

SEGMENTATION L'analyse de films a toujours cherché à découvrir les grandes articulations d'une œuvre, l'agencement particulier des séquences et des plans. Sous l'influence de la linguistique structurale, la sémiologie du cinéma a cherché à rendre compte d'une structure qui régirait non plus un film particulier, mais l'ensemble des films.

On segmente en linguistique les énoncés verbaux pour repérer leurs unités constituantes, de la plus petite à la plus complexe, et les règles régissant leur combinaison. Le syntagme désigne un groupe de mots formant une unité à l'intérieur de la phrase (syntagme nominal, verbal, etc.). Dans le langage verbal, les relations entre syntagmes sont principalement d'ordre successif : ils font partie de ce qu'on appelle la syntaxe.

Christian Metz a tenté de dresser une typologie des agencements d'unités – les segments autonomes – à l'œuvre dans le film de fiction, qu'il a appelée « la grande syntagmatique de la bande-images » : son modèle est constitué à partir de critères dont le premier oppose le plan unique (plan-séquence, insert) au syntagme, groupe de plans. Les syntagmes peuvent être a-chronologiques : syntagmes parallèles et en accolade, ou chronologiques : syntagmes descriptifs et narratifs. Les syntagmes narratifs sont alternés ou linéaires, et dans ce cas se divisent en scènes, quand ils ne comportent pas d'ellipse, ou en séquences. Les séquences sont dites ordinaires ou par épisodes. Ce modèle a été mis à l'épreuve avec l'analyse d'un film contemporain de Jacques Rozier, *Adieu Philippine* (1962).

Dans cette approche, le syntagme est un ensemble de plans constituant une unité et concerne comme dans la langue les relations *in praesentia*, de co-occurrence : l'axe syntagmatique est celui de la combinaison et de l'agencement des unités (axe horizontal) et s'oppose à l'axe paradigmatique (vertical), qui est celui de la substitution des éléments. Ces relations peuvent s'établir sur le mode de la consécution, comme dans la chaîne parlée : entre photogrammes, plans, séquences. Elles peuvent aussi se faire sur le mode de la simultanéité, de la coprésence spatiale, par exemple entre les données visuelles et sonores à un point de la chaîne filmique, dans la mesure où la bande image et la bande son appartiennent à deux axes temporalisés différents.

Malgré son intérêt, ce modèle théorique a une visée limitée, ce que relève Metz lui-même dans ses autocritiques, et ne résout pas toujours le délicat problème de la segmentation. Il représente cependant une étape non négligeable de la réflexion sémiologique

▸ Analyse, Découpage, Dénotation, Langage, Structuralisme.

16 mm Format réduit de film (substandard) commercialisé par Kodak en 1923 et conçu à l'origine pour un public amateur. En France, la réglementation lui a accordé le statut de format professionnel en 1909 et il est devenu le format privilégié de la télévision jusqu'en 1980.

Utilisé alors par des productions économiquement modestes, il peut être gonflé au format standard.

16/9 Format d'écran vidéo qui permet de transmettre à la télévision une image correspondant à un écran panoramique, quoique dans un format qui ne correspond à aucun de ceux du cinéma.

SÉMIOLOGIE, SÉMIOTIQUE Étymologiquement, la sémiologie est « la science des signes au sein de la vie sociale », constituée en 1913 par le linguiste Ferdinand de Saussure. Le terme de sémiotique, proposé à la même époque et avec le même programme par le logicien américain Charles S. Peirce, est plutôt utilisé par la sphère anglophone. Dans les années 1960, le terme est repris par Roland Barthes pour élaborer une science des significations qui comprend mais excède les productions langagières. Instituée à l'origine contre les approches normatives, la sémiologie n'a pas au départ de visée esthétique.

Au cinéma, la linguistique structurale inspire les premières recherches, avec le projet de constituer une grammaire du cinéma (Metz, 1978), puis avec la narratologie du cinéma. La psychanalyse d'inspiration structuraliste engendre l'analyse textuelle et l'étude de l'énonciation par la réflexion sur l'identification du spectateur au dispositif. La pragmatique étudie les effets produits sur le sens d'un texte/film par l'interaction entre émetteur, récepteur et contexte social.

▶ Code, Segmentation, Signe, Structuralisme.

SÉMIO-PRAGMATIQUE ▶ Pragmatique, Sémiologie.

SEPTIÈME ART Au début du XXe siècle, à l'époque où les six arts majeurs sont la peinture, la musique, la poésie, l'architecture, la sculpture et la danse, les avant-gardes cinématographiques revendiquent la spécificité du cinéma comme nouveau mode de représentation et l'écrivain Ricciotto Canudo (*L'Usine aux images*, 1907-1911) forge pour le cinéma le terme de septième art.

SÉQUENCE

1. La séquence est une unité d'action, un fragment du film qui raconte en plusieurs plans (à la différence du plan-séquence) une suite d'événements isolable dans la construction narrative. Quand une séquence

est très longue, on peut la découper en sous-séquences pour décrire au plus près sa structure.

2. Depuis les travaux de Christian Metz qui a défini la séquence dans « la grande syntagmatique de la bande-images » comme un syntagme (groupe de plans) chronologique comportant des ellipses temporelles, les théoriciens du cinéma ont l'habitude de la différencier ainsi de la scène, qui restitue une durée réelle, sans ellipses.

Metz distingue la séquence ordinaire dans laquelle « on se contente de "sauter" les moments jugés sans intérêt pour l'intrigue » et la séquence par épisodes dans laquelle la discontinuité est organisée pour présenter dans l'ordre chronologique de brèves scénettes séparées par des ellipses temporelles. La détérioration des rapports conjugaux entre Kane et sa première femme dans *Citizen Kane* (Welles, 1941), ou les relations entre Antoine Doinel et sa maîtresse japonaise dans *Domicile conjugal* (Truffaut, 1970) offrent des exemples de cette dernière définition.

▶ Ellipse, Segmentation.

SERIAL Né en France où il était appelé film à épisodes ou ciné-roman, le *serial* (« série », en anglais), dont les épisodes paraissaient simultanément dans la presse, est l'équivalent cinématographique du feuilleton dont il exploite le principe du suspense : chaque épisode s'arrête à un moment crucial qui permet de tenir le spectateur en haleine (*cliff hanger*). Après Victorin Jasset (*Nick Carter*, 1908), Louis Feuillade a contribué au succès du genre avec *Les Vampires* (1915) et les Américains s'en sont emparés avec *Les Mystères de New York* (1914-1915).

SÉRIE À ne pas confondre avec le *serial*, la série est un ensemble d'épisodes autonomes (les cinq *Fantomas*, de Louis Feuillade, 1913-1914) On y retrouve un héros dont les aventures sont déclinées d'un film à l'autre (Indiana Jones, James Bond, etc.).

SÉRIE B Le film de série B apparaît au début des années 1930 avec la généralisation du double programme dans les salles américaines : pendant la séance qui dure trois heures, outre des dessins animés, des actualités et des bandes-annonces, on projette deux longs métrages. Le film B dure moins de 1 h 10, est dépourvu de stars et a un budget très inférieur au film A, avec un tournage souvent d'une semaine à dix jours et très peu de pellicule, donc très peu de prises, dans des décors et avec des costumes recyclés. Il est loué au forfait (alors que le film A l'est au pourcentage), ne bénéficie pas de campagne de promotion et n'est pour ainsi dire pas commenté dans la presse. Au début des années 1930, les *major companies* mettent en place des unités de production B, puis elles délèguent l'essentiel de la production B à Columbia, Universal et à des firmes spécialisées comme Republic, Monogram ou PRC. Le système reste en place jusqu'à la fin des années 1940. Par la suite, on appellera abusivement série B des films fauchés (quel que soit le système de production et de distribution) ou des films de genre… même luxueux et interprétés par de grandes vedettes.

SIGNE Le signe est la représentation d'une chose à laquelle il renvoie, il est un substitut représentant un représenté absent. En linguistique, on appelle signes les plus petites unités de la langue possédant un sens. La sémiologie générale étudie toutes les catégories de signes, qui ont en commun de relier un élément purement matériel, qu'il soit phonique, graphique, gestuel, visuel, le signifiant, à une signification, le signifié.

La relation existant pour chaque signe entre le signifiant (la forme), le signifié (le sens) et le référent dans le réel a constitué le critère du classement du logicien américain Peirce en trois catégories de signes :

- l'icone se caractérise par la relation motivée, analogique entre ces trois éléments : dans l'image du chat, nous reconnaissons le référent. De même, dans la reproduction du son au cinéma, nous reconnaissons les bruits de voitures (quelquefois d'ailleurs produits par tout autre chose), les sons produits par les paroles. Certains termes de la langue sont des images sonores (un coucou, le tic-tac) ;
- le symbole est de nature conventionnelle, régi par l'arbitraire. Les mots de la langue n'ont généralement aucune relation avec leur référent (c'est pourquoi *mur* en français peut se dire *wall* en anglais en conservant le même sens). Certains signes visuels sont aussi des symboles : l'icone de la colombe peut devenir symbole pour signifier la paix ou le Saint-Esprit, mais n'en demeure pas moins la figuration d'un oiseau ;
- l'indice, enfin, se caractérise par une relation de cause à effet entre signifiant et signifié : la fumée ne ressemble pas au feu, mais en est un signe, comme l'empreinte ne ressemble pas au pied, mais témoigne de son passage.

L'image photographique et filmique, comme l'enregistrement sonore, se définit par son statut d'icone, mais aussi par sa nature indicielle dans la mesure où elle constitue la trace de ce qui a existé (à l'exception notable des images de synthèse).

▶ ANALOGIE, ICONIQUE/PLASTIQUE, IMAGE.

SIGNIFIANT/SIGNIFIÉ ▶ SIGNE.

SKETCH Un film à sketches est un long métrage constitué de plusieurs films courts quelquefois réalisés par des cinéastes différents autour d'un thème commun. *Les Monstres* enchaînent dix-neuf sketches de Dino Risi (1963), tandis que *Les Sorcières* (1966) se composent de cinq films réalisés par Rossi, Bolognini, Pasolini, Visconti et De Sica.

SLAPSTICK La *slapstick comedy* (de *slap* : coup et *stick* : bâton) a pour ancêtre la *commedia dell'arte* et pour caractéristique un comique très gestuel, burlesque, bouffon, qui s'accommode des contraintes du muet comme du parlant. Le genre est représenté par Mack Sennet, Charles Chaplin, Harold Llyod, puis Laurel et Hardy, les Marx Brothers.

SLASHER MOVIE Ce sous-genre du film d'horreur, qui met en scène un psychopathe poignardant méthodiquement ses victimes, a connu une grande vogue après *Halloween* (John Carpenter, 1978), puis à partir de 1996, avec *Scream*, de Wes Craven.

SNEAK PREVIEW ▶ *PREVIEW*.

65 mm/70 mm ▶ FORMAT.

SNUFF MOVIE On appelle *snuff movies* des films clandestins, dont l'existence même n'est pas prouvée, qui montreraient des tortures et des meurtres réels. Depuis les années 1980, les films d'horreur et les *thrillers* se réfèrent souvent à cette forme. *Henry, portrait d'un serial killer* (John McNaughton, 1986) a construit une part de son succès sur la rumeur l'accusant d'utiliser de vrais *snuff movies*. Depuis, *Tesis*, d'Alejandro Amenábar (1996) et *The Brave*, de Johnny Depp (1997) ont centré leur scénario sur cette pratique.

SOFTCORE ▶ *HARDCORE*, X.

SON Le son est un mouvement vibratoire qui provoque une sensation auditive.

Au moment du tournage, on peut enregistrer en son direct, en synchronisme avec l'image. Si les conditions de travail le rendent impossible, on enregistre en son témoin pour faciliter la postsynchronisation du dialogue. On peut aussi enregistrer le son seul, sans chercher à le synchroniser, pour enrichir plus tard la bande son : il servira de son d'ambiance (le fond sonore sans les dialogues), qu'on peut aussi recréer en auditorium. Le son postsynchronisé est enregistré séparément de l'image ; ils sont réunis à la table de montage.

Le mode d'enregistrement et de reproduction du son peut être magnétique, optique ou numérique

SONOTHÈQUE La sonothèque est le lieu où l'on archive les enregistrements sonores à caractère historique ou documentaire. Le mot désigne aussi le lieu où l'on peut acheter des enregistrements de bruits les plus divers.

SOPHISTICATED COMEDY La comédie sophistiquée est caractéristique des années 1930 à Hollywood. À la différence de la *screwball comedy*, l'intrigue évolue dans des milieux aisés où le marivaudage est de mise. Ernst Lubitsch est le maître du genre, avec *Sérénade à trois* (1933), *La Huitième femme de Barbe-Bleue* (1938). *L'Impossible Monsieur Bébé*, d'Howard Hawks (1938), constitue un sommet de ces comédies humoristiques.

SOUS-SÉQUENCE Pour rendre compte du développement de l'action à l'intérieur d'une séquence, on utilise le terme de sous-séquence, qui permet de subdiviser en moments plus brefs une action continue d'une assez longue durée. La séquence du bal du *Guépard*, de Luchino Visconti (1962), a pu ainsi être divisée en douze sous-séquences par Michèle Lagny.

SOUS-TITRE, SOUS-TITRAGE Le sous-titre est le texte placé en bas de l'image du film qui traduit les dialogues en langue originale. À l'époque du muet, on appelait parfois sous-titres les intertitres ou cartons des films.

Le travail de sous-titreur relève de l'adaptation – il s'agit d'adapter les dialogues en langue étrangère – et requiert de la concision pour que le texte entre dans l'espace imparti.

SPACE OPERA Le *space opera* est un sous-genre du film de science-fiction. Le thème central consiste dans la projection de l'homme hors de la planète Terre, le voyage dans l'espace. Dès 1902, Georges Méliès réalise *Le Voyage dans la Lune*, ancêtre du *space opera*, dont *2001, l'Odyssée de l'espace*, de Stanley Kubrick (1968), allait constituer la référence.

▶ PYROTECHNIQUE.

SPLIT SCREEN Ce procédé consiste à diviser le cadre en plusieurs morceaux pour obtenir une image composite. Le *split screen* vertical a notamment été utilisé par le cinéma hollywoodien pour montrer deux interlocuteurs au téléphone, leurs mimiques engendrant des effets comiques. Brian De Palma et Stephen Frears ont renouvelé le procédé. Dans *Saint Laurent*, en 2014, Bertrand Bonello fragmente l'image à la manière de Mondrian ou crée des oppositions plastiques entre noir et blanc et couleur.

STANDARD Le format standard désigne le film 35 mm.

La copie standard est la copie positive comportant son et image.

La cadence standard au cinéma est de 24 images par seconde, et à la télévision ou pour la vidéo, de 25 images par seconde.

STAR-SYSTEM Dès le cinéma muet, la logique commerciale des grands studios hollywoodiens s'est fondée sur l'attrait du public pour les vedettes, les stars (comme on parle d'étoiles de la danse). Leur image, à laquelle s'identifiaient les *major companies* dans une stratégie publicitaire, était une garantie de succès pour un film, à une époque où le nom du réalisateur était la plupart du temps inconnu du public. On se les attachait par des contrats faramineux mais sévères. Greta Garbo, Rudolph Valentino, Elizabeth Taylor, James Dean, ont été les symboles d'un monde en partie disparu dans l'imaginaire collectif. Bien qu'ils soient plus que jamais poursuivis par leurs fans et les paparazzi, les grands acteurs d'aujourd'hui, rendus plus proches par les médias, sont dépossédés de cette aura mythique qui fait la star.

STEADICAM Ce système de fixation employé en caméra portée et pourvu d'un dispositif antivibratoire relie l'appareil et l'opérateur par un harnais. Stanley Kubrick l'a utilisé pour *Shining* (1979).

STÉRÉOPHONIE Le son stéréophonique est enregistré sur plusieurs canaux, et restitué par des haut-parleurs de part et d'autre de l'écran pour construire l'espace sonore du film et la localisation des différents bruits.

STÉRÉOSCOPIE La stéréoscopie restitue l'impression d'une image en relief, en trois dimensions. Nécessitant le port de lunettes, le procédé projette sur l'écran avec un léger décalage deux séries d'images destinées chacune à un œil.

Connu depuis la fin du XIXe siècle, ce procédé a été peu employé en raison des difficultés techniques, jusqu'à l'Imax 3D. Alfred Hitchcock a ainsi réalisé en 3D en 1954 un film célèbre, *Le Crime était presque parfait*. Dans les années 2000, le 3D a accompagné l'engouement pour les différentes techniques d'animation et les images de synthèse : *Alice au pays des merveilles* de Tim Burton (2009), dont la version en 3D est postérieure au tournage, à l'inverse d'*Avatar* de James Cameron (2009), ainsi que des films destinés à un jeune public, de *Coraline* d'Henry Selick (2009) à *Toy Story 3* de Lee Unkrich (2010).

▶ 3D.

STOCK-SHOT Le *stock-shot* est une image d'archives qu'on peut acheter pour l'insérer dans un film. Il s'agit souvent d'images d'actualités.

▶ Remploi.

STOP MOTION ▶ Animation.

STORYBOARD Le *storyboard*, en français « scénarimage », est une sorte de bande dessinée réalisée par un illustrateur qui donne à voir une première proposition pour les images du film avant tournage, à partir du découpage technique. Il est utilisé par les cinéastes redoutant l'improvisation (Hitchcock) ou pour les films à gros budget et à effets spéciaux, pour éviter les erreurs de tournage. Les cinéastes qui, comme John Cassavetes ou Jacques Doillon, traquent l'aléa, l'imprévu, n'y ont pas recours.

STROBOSCOPIE Des effets visuels paradoxaux, stroboscopiques (roue qui semble tourner à l'envers, par exemple), sont créés par le rapport entre la fréquence de mouvements continus et la cadence de la prise de vues.

Le stroboscope, inventé en 1832, était composé de deux disques tournants percés de fentes et permettait de voir des images successives comme si elles étaient animées.

STRUCTURALISME L'anthropologue Claude Lévi-Strauss est à l'origine du courant structuraliste inspiré des travaux du linguiste Ferdinand de Saussure. À partir de l'étude des relations de parenté, puis en travaillant sur les récits mythiques (1955), il s'aperçoit que, comme les faits de langue, les contenus symboliques sont régis par des systèmes invisibles malgré leur apparente irrationalité et que leur sens tient à la manière dont les éléments sont combinés.

L'analyse structurale s'est alors étendue à toutes les productions sociales : les mythologies contemporaines et le « système de la mode » (Barthes), la publicité (Barthes, Eco), les structures de l'imaginaire (Durand), l'inconscient, « structuré comme un langage » (Lacan). La littérature, par le biais de la narratologie, s'y constitue une théorie des « possibles littéraires » : les œuvres ne sont plus considérées dans leur individualité mais dans leur parenté, leur intertextualité (Propp, Genette, Greimas).

Le cinéma reprend ces concepts pour se les approprier à travers la construction de la sémiologie d'inspiration linguistique de Christian Metz et avec les analyses textuelles (Bellour, Kuntzel).

▶ Analyse, Langage, Transtextualité.

STUDIO Les studios constituent le complexe technique nécessaire au tournage des films (ateliers, entrepôts, loges, plateaux...). Le mot désigne aussi les sociétés de production américaines possédant une infrastructure élaborée.

SUÉDÉ ▶ Parodie, Pastiche.

SUNLIGHT Les *sunlights* sont des projecteurs de studio à arc électrique très puissants.

SUPER HÉROS Personnage résolument américain, le super héros est issu des *comics* de l'entre-deux-guerres, bandes dessinées mettant en scène dans des décors urbains des personnages dotés d'une double identité, à la fois banale et surhumaine, et de pouvoirs extraordinaires qu'ils exercent après avoir revêtu une tenue expressément conçue pour leurs exploits qui nécessitent un festival d'effets spéciaux. Superman est le plus connu, et les adaptations cinématographiques se sont succédé après la Seconde Guerre mondiale, avec aussi ses versions féminisées, de Supergirl à Catwoman. Le genre profite des contextes de crise, et un regain d'intérêt a été enregistré après le 11 septembre 2001 : plusieurs fois incarné au cinéma, Batman y est devenu le sombre héros du *Chevalier noir – The dark knight* de Christopher Nolan en 2008.

SUPER 8 Ce format réduit de film a été commercialisé par Kodak en 1965 pour remplacer le 8 mm auprès du public amateur.

SUPER 16 Format de prise de vues commercialisé en 1970 qui permet d'enregistrer une image panoramique sur un format substandard (16 mm).

SURIMPRESSION Ce trucage qui permet d'obtenir une seule image constituée d'une superposition d'images multiples se pratique à la prise de vues (on utilise le négatif une deuxième fois) ou au laboratoire.

SURRÉALISME Le mouvement surréaliste a été dans l'ensemble réticent envers le cinéma en tant qu'art collectif, alors même qu'il lui était apparu comme une technique propice à l'exploration de l'inconscient. À l'inspiration dadaïste des petits films de Man Ray, Marcel Duchamp (*Anémic cinéma*, 1926) ou Hans Richter, succède *La Coquille et le clergyman*, de Germaine Dulac (1926) sur un scénario d'Antonin Artaud, mais leur désaccord entraîne la réprobation du groupe. Après *Un chien andalou*, réalisé par Luis Buñuel en 1928 sur un scénario de Salvador Dali, *L'Âge d'or* (1930), des mêmes auteurs, est le seul long métrage reconnu par le mouvement, alors que *Le Sang d'un poète*, de Jean Cocteau (1930), est désavoué par les surréalistes.

SUSPENSE Le suspense est l'art de tenir le spectateur en haleine en suscitant une attente bien différente de la surprise (ce qu'explique le maître du suspense, Alfred Hitchcock, dans ses entretiens avec François Truffaut) : nous possédons grâce à la structure narrative un savoir supérieur à celui du personnage en danger auquel nous nous identifions fortement, qui nous permet d'anticiper l'événement à venir, et d'en éprouver à la fois de la peur et du plaisir.

▶ *Cliffhanger, Mac Guffin, Red herring.*

SYMBOLE ▶ Signe.

SYNCHRONISATION, SYNCHRONISME Au cinéma, l'image et le son sont enregistrés sur des supports différents et il s'agit au montage d'en retrouver la simultanéité, de les synchroniser.

Un effet d'a-synchronisme, de décalage, de chevauchement, peut cependant être voulu, par exemple pour prolonger le son sur le plan suivant ou l'anticiper sur le plan précédent.

SYNOPSIS Descriptif sommaire de l'argument d'un film, le synopsis tient en quelques lignes et est destiné principalement à la production.

SYNTAGMATIQUE, SYNTAGME ▶ Montage, Segmentation.

T

TABLE DE MONTAGE La table de montage projette sur un écran, en synchronisme, la bande image et la bande son du film à monter. Elle est munie d'un compteur permettant toutes les mesures des bandes. Les prises retenues sont ensuite collées sur une colleuse.

▶ Collure.

TEASER Sur le modèle de la publicité, il arrive que les grands studios déclinent, longtemps avant la sortie d'un film, une batterie de bandes annonces brèves et elliptiques mais accrocheuses, les *teasers*.

TECHNICOLOR Ce procédé de cinéma en couleur a été mis au point entre 1932 et 1934 en version trichrome, et constitue l'aboutissement de recherches effectuées depuis 1915. Il est supplanté dans les années 1950 par l'Eastmancolor.

Dans la caméra, un cube diviseur optique impressionne trois pellicules sensibles au bleu, au vert et au rouge. Ces négatifs en noir et blanc, grâce à un traitement spécial en laboratoire, produisent une copie en couleur.

Dans une acception courante et quelquefois péjorative, le Technicolor est assimilé à des couleurs très vives, criardes.

TEEN MOVIE, TEEN PIC Genre essentiellement américain économiquement ciblé sur les adolescents, le *teen movie*, ou *teen pic* (*teen picture*), met en scène de jeunes personnages et se décline en divers sous-genres, des *teen sex comedies* adressées aux garçons ou aux filles, aux *teen slasher movies*, films d'horreur à destination des adolescents.

▶ *Chick flick*.

TÉLÉCINÉMA ▶ KINESCOPE.

TÉLÉOBJECTIF ▶ OBJECTIF.

TÉLÉPHONES BLANCS Dans le cinéma italien des années 1930 à 1940, à cause de la censure économique instaurée pour des raisons idéologiques par le pouvoir fasciste et le Vatican, une bonne part de la production était composée de comédies mettant en scène des milieux privilégiés dans des décors où les téléphones blancs constituaient l'inévitable référence à Hollywood.

TERCER CINE ▶ *CINEMA NÔVO.*

THRILLER Le *thriller*, de l'anglais *to thrill*, « frissonner », peut appartenir à des genres divers (film policier, film catastrophe...). Il se caractérise par le suspense et la peur (délicieuse) qu'il suscite chez le spectateur.

THX Système de sonorisation de haute qualité mis au point en 1983 par la firme américaine Lucasfilm.

TIRAGE Le tirage est l'opération faite en laboratoire avec une tireuse, qui permet d'obtenir des copies du film : un positif à partir d'un négatif, un négatif à partir d'un positif (contretypage), ou encore un positif à partir d'un positif. Les tireuses sont de deux sortes : tireuse par contact, dans laquelle le négatif impressionne la pellicule vierge exposée à la lumière, et tireuse optique, pour toutes les manipulations de la pellicule (anamorphose, gonflage, réduction...). Fabriquée dans les années 1930, la Truca, tireuse optique perfectionnée, permet de réaliser en laboratoire un certain nombre d'effets spéciaux : fondus, volets, surimpressions, accélérés, caches et contre-caches, *split screens*, distorsions de l'image, travellings optiques. Elle est composée d'un appareil de projection et d'une caméra mobile munie d'un objectif à focale variable, entre lesquels un écran permet de retoucher les images.

TITRAGE On appelle titrage la rédaction des textes écrits insérés dans le film : générique, titres, intertitres ou cartons filmés au banc-titre.

TRANSPARENCE

1. Appelé en anglais *back projection*, c'est un trucage qui permet d'employer des décors naturels en studio. Le décor filmé est projeté

par transparence derrière le champ occupé par les acteurs. Très utilisé jusqu'aux années 1960, il est aujourd'hui souvent remplacé par un cache mobile, le *travelling matte*.

2. Dans une perspective réaliste, la notion de transparence définit un cinéma où le travail signifiant, au niveau du cadrage, du montage, du jeu de l'acteur, se fait oublier au profit de l'illusion de réalité : il s'agit de masquer le travail énonciatif pour laisser croire qu'à l'image du monde, le film n'est « raconté » par personne. Selon certains théoriciens (Bazin), cet effacement des marques permet à l'image photographique, conçue comme une empreinte, de révéler le sens du réel. Dans les années 1960, l'idéalisme de cette conception selon laquelle le monde « parlerait » de lui-même a été attaqué par la critique marxiste.

▶ Classique, Énonciation, « Montage interdit », Montage invisible.

TRANSTEXTUALITÉ À la suite de Mikhaïl Bakhtine et de son concept de dialogisme (pluralité de voix narratives au sein d'une œuvre), ce terme désigne en narratologie le rapport – le dialogue – qu'un texte donné entretient avec un ensemble de textes. Gérard Genette a proposé en 1981 pour la littérature une typologie des relations transtextuelles qui a été reprise par la théorie cinématographique :

- l'intertextualité ou présence effective d'un texte dans un autre (le film dans le film) ;
- la paratextualité ou relation d'un texte à ce qui l'accompagne (le paratexte) : titre, préface, notes, illustrations, avertissement, à quoi s'ajoutent au cinéma le générique, l'affiche, le dossier de presse, le *making of*, etc. ;
- la métatextualité ou commentaire de l'œuvre : critique, analyse ;
- l'architextualité ou appartenance d'un texte à un genre, à partir d'un texte initial, la plupart du temps virtuel (on ignore quel est le premier western). Cette relation est déterminante pour le contrat de lecture qui se noue avec le spectateur ;
- l'hypertextualité, relation d'un texte appelé hypertexte, à une œuvre antérieure, hypotexte, qui peut se faire sur le mode – sérieux ou ludique – de la citation, du plagiat, de la parodie. Au cinéma, il peut s'agir de l'adaptation, qui nécessite un changement de média, ou du *remake*, deux formes que cumule *Parking*, de Jacques Demy (1985),

hypertexte d'*Orphée*, de Jean Cocteau (1950), lui-même inspiré par des textes de Virgile et d'Ovide.

▶ ESTHÉTIQUE DE LA RÉCEPTION.

TRAVELLING Le travelling constitue un déplacement dans l'espace de l'appareil de prise de vues. Il peut être réalisé avec des moyens extrêmement divers, du chariot sur rails à la voiture ou à la caméra portée.

Le travelling peut se déplacer vers l'avant, vers l'arrière, latéralement, de haut en bas ou de bas en haut, ou circulairement ; il peut accompagner un personnage dans un déplacement (travelling d'accompagnement), être associé à un panoramique (pano-travelling) ou à des combinaisons bien plus complexes.

Le travelling compensé combine un travelling et un zoom en sens contraires : travelling avant/zoom arrière ou travelling arrière/zoom avant. Alfred Hitchcock est le premier à l'avoir utilisé, pour *Sueurs froides* (*Vertigo*, 1958). François Truffaut s'en sert dans *Jules et Jim* (1961) pour traduire la « révélation » de ses personnages.

▶ MOUVEMENT D'APPAREIL.

TRAVELLING MATTE ▶ CACHE, TRANSPARENCE.

TRAVELLING OPTIQUE ▶ ZOOM.

30° La règle des 30° sert à éviter l'impression d'une saute quand on change d'axe sur un sujet : le passage d'un plan à un autre doit se faire avec un angle supérieur à 30°.

35 mm Format de film standard dans lequel peuvent s'inscrire des formats et des tailles d'image divers.

3D La vision humaine, binoculaire, nous permet de percevoir le monde en trois dimensions ; l'image, elle, est plate, bidimensionnelle. La peinture a pallié ce manque par l'artifice de la perspective, le cinéma lui a ajouté le mouvement, qui permet de détacher une figure sur un fond : un objet ou une personne en mouvement devant des immeubles produit une impression de réalité plus forte. Puis le cinéma a cherché à accentuer l'impression de relief par les procédés stéréoscopiques, en 3D. Pour autant, la profondeur de l'image reste illusionniste.

▶ FIGURE, IMAX 3D, STÉRÉOSCOPIE.

TRUCA ▶ Tirage.

TRUCAGE ▶ Effets spéciaux.

TWIST Le *twist ending* (*twist* final) d'une œuvre de fiction consiste en une fin inattendue qui fait rebondir le récit et met le spectateur dans l'obligation d'en réinterpréter les éléments à la lumière d'une révélation. Le procédé, autrefois jugé comme une facilité de scénario, est revenu à la mode et joue souvent sur le point de vue qui oriente le récit. Ainsi, dans *Sixième sens* (M. Night Shyamalan, 1998), la focalisation interne sur le personnage permet une révélation finale double et simultanée : spectateur et personnage comprennent que le deuxième, qui se croyait vivant, est mort. La surprise est totale, mais on ne se sent pas manipulé. À l'inverse, dans *The Informant !* (Steven Soderbergh, 2009) et surtout dans *Shutter island* (Martin Scorsese, 2010), la modification du point de vue, passant brusquement d'une focalisation donnée pour interne à une focalisation omnisciente (avec deux héros déments), se fait à notre insu par le biais d'une rétention du savoir pratiquée dès le début par le narrateur (ce que Genette appelle « paralipse ») : certains apprécient le coup de théâtre, d'autres ont l'impression d'avoir été « roulés ».

▶ Focalisation, Narratologie.

TYPAGE Le typage, très utilisé dans le cinéma soviétique muet, consiste à présenter des personnages fortement caractérisés, dont les particularités extérieures (physiques, vestimentaires, comportementales) permettent de les assimiler immédiatement à un groupe ou une classe sociale.

UV

UCHRONIE Créé au XIXe siècle dans une perspective philosophique, ce terme désigne la réécriture fictive d'un événement historique du passé dans le but d'imaginer une issue différente. Le procédé a été utilisé de tout temps dans la littérature. Philip K. Dick et Philip Roth ont ainsi tous deux revu l'histoire américaine à partir d'une hypothèse politique favorable aux nazis. En 2009, dans *Inglourious basterds*, de façon plus anecdotique, Quentin Tarantino met en scène la mort d'Hitler dans un cinéma parisien.

▶ Diégèse, Récit.

UNDERGROUND Ce terme anglais qui signifie « souterrain » a été utilisé pour la première fois en 1961, de façon polémique, par Jonas Mekas, pour désigner les films invisibles dans le circuit standard. Ce mouvement regroupe sur une période de dix ans tous les cinéastes expérimentaux américains – de Mekas, Stan Brakhage, Bruce Baillie, à Ken Jacobs et Andy Warhol – qui, malgré des préoccupations esthétiques diverses, se caractérisent par leur refus des circuits traditionnels, leur indépendance par rapport au système hollywoodien (on les appelle aussi « indépendants new-yorkais »), et une marginalité revendiquée.

▶ Avant-garde, Indépendant.

UNIPONCTUEL Le terme caractérise les films primitifs ne comportant qu'un seul plan et une seule unité spatio-temporelle.

VERSION

1. Un film non francophone peut être diffusé en France en version originale (VO, ou VOST si l'on veut insister sur la présence de sous-titres français)

ou en version doublée en français, également appelée version française (VF).

2. Le terme « version » s'emploie aussi pour désigner des moutures ou des montages concurrents d'un même film, selon différents critères : version longue/version courte, version cinéma/version feuilleton télévisé, version parlante/version muette (pour certains films de la période de transition), version en relief/version « plate », version nationale/version d'exportation, version réalisateur/version producteur, version intégrale/version censurée, version définitive/version provisoire, et beaucoup d'autres.

VIDÉASTE Le vidéaste tourne ses films en vidéo. On a l'habitude d'employer le terme dans un contexte artistique, celui du plasticien d'avant-garde (Bill Viola), ou amateur (film de famille), mais il s'applique à tout professionnel qui emploie les techniques de la vidéo numérique.

▶ Caméra.

VIDÉO CORRESPONDANCE Cette pratique amateur de lettres sur vidéo, souvent utilisée en milieu scolaire, a trouvé sa représentation au cinéma avec une sorte de *thriller* franco-hongrois intégralement constitué par les lettres vidéo de deux frères : *Video blues*, d'Arpad Sopsits (1992). Alain Tanner avait utilisé en partie ce procédé pour *Dans la ville blanche* (1982).

▶ Film d'amateur.

VIDEO JOCKEY, VJ, VJING Construit sur le modèle de *DJ* (*disc jockey*), le *Vjing* désigne une pratique d'animation visuelle d'un environnement sonore, fondée sur le montage d'images mixées en direct en accompagnement de la musique ; réalisée dans un premier temps à l'aide de projecteurs de diapos et/ou de films en format amateur, elle s'est développée avec les avancées de la technologie et l'émergence de la scène techno.

Démarche hybride entre clip, cinéma expérimental, art vidéo et performance, le *Vjing* peut se concevoir en équipe avec le *DJ* ou en improvisation individuelle. Le *VJ* utilise tout type d'imagerie, qu'il crée lui-même ou recycle des images qu'il retravaille graphiquement. Art éphémère quand il s'agit de performances dans des discothèques, des soirées publiques ou privées, le *Vjing* cherche à procurer des émotions, des sensations en direct, à traduire la musique en expression visuelle.

▶ Art vidéo, Remploi, Sampler.

VO Abréviation de version originale.

VOIX Dans le cinéma muet, les bonimenteurs commentaient le film. À l'avènement du parlant, la voix appartient à l'acteur, en VO, ou à celui qui le double, avec quelquefois des effets curieux : en 1983, Vittorio Mezzogiorno, doublé par Gérard Depardieu dans *L'Homme blessé*, de Patrice Chéreau, retrouve sa voix pour jouer avec lui dans *La Lune dans le caniveau*, de Jean-Jacques Beineix.

Qu'elle soit celle du bonimenteur, qui se perpétue dans le récitant du documentaire, celle d'un narrateur dans la fiction, ou celle des personnages, la voix se situe toujours par rapport aux éléments visuels de la représentation. On l'analyse donc dans sa relation au champ (la voix est *in*, hors-champ, *off*, ou encore acousmatique), ou dans sa relation à la diégèse (elle est intradiégétique, ou extradiégétique). Deux voix peuvent identifier un seul corps, quand un narrateur *off* met en scène son enfance, ou quand on « vole » la voix du personnage, comme dans *Vivre sa vie* (1962) où la voix de Jean-Luc Godard lit *Le Portrait ovale* d'Edgar Poe à la place de son acteur.

La voix identifie le personnage, grâce à son timbre, son accent, son débit, et elle constitue une caractérisation à la fois physique, morale et sociale du personnage. Le *Free Cinema*, dans sa volonté de rendre compte de la réalité sociale, privilégiait les accents régionaux.

VOLET

1. Le volet, plaque métallique articulée et fixée sur le projecteur, appelé aussi coupe-flux, permet de canaliser la lumière au tournage.

2. En termes de trucage, le volet est un effet de liaison entre deux plans effectué en laboratoire grâce à un cache mobile qui chasse l'image d'un côté pour la remplacer par une autre. Il permet une transition entre les plans tout en créant une rupture dans le déroulement des images. Très prisé par le cinéma classique, cet effet fut délaissé malgré quelques emplois par la Nouvelle Vague.

▶ PONCTUATION.

VUE Dans le cinéma des premiers temps, on appelle « vues » les scènes tournées en un seul plan sans mouvement de caméra, selon un même axe. Les vues Lumière étaient commercialisées sous ce terme et présentaient l'enregistrement du monde en extérieur, à la différence des « tableaux » tournés en intérieur.

WXYZ

WEBCAM Petite caméra numérique branchée sur l'ordinateur permettant de diffuser des images vidéo en temps réel.

WESTERN Dès ses débuts, le cinéma américain raconte les épisodes de la conquête des territoires de l'Ouest sur les Indiens, jusqu'à la disparition de la Frontière en 1890. Le genre du western ne se limite cependant pas à un territoire (de nombreux films ont pour cadre le Mexique ou les territoires de l'Est américain), ni à la période historique de la fin du XIXe siècle, et certains spécialistes, à la suite de Jean-Louis Rieupeyrout, les ont regroupés autour de cycles : le peuplement, les guerres indiennes, la Frontière, le bétail, la guerre de Sécession, le conflit mexico-texan. Jean-Louis Leutrat a relevé l'alliance éphémère du genre avec le burlesque, le mélodrame et le vaudeville.

L'exaltation de la nation américaine, qui prend des accents épiques dans les grands westerns classiques (*La Charge héroïque*, de John Ford, 1949, *Rio Bravo*, d'Howard Hawks, 1959), laisse progressivement la place à une démystification de l'Ouest (*Little Big Man*, 1970 et *Missoury Breaks*, 1976, d'Arthur Penn), et au western-spaghetti, souvent tourné en Espagne, qui insère les mythes américains dans une action violente et spectaculaire. Sergio Leone en est le maître dès *Pour une poignée de dollars*, en 1964. Des tentatives pour renouer avec le genre sont régulièrement menées : *Silverado*, de Lawrence Kasdan, et *Pale Rider*, de Clint Eastwood, en 1985, *Danse avec les loups*, de Kevin Costner, en 1990, *True grit*, des frères Coen, en 2010, *La Dernière piste*, de Kelly Reichardt, en 2011. Grand amateur de films de genre, Quentin Tarantino apporte sa contribution en 2012 avec *Django Unchained*.

WOMEN'S STUDIES ▶ *Gender studies.*

X Les films pornographiques ou « d'incitation à la violence », classés dans la catégorie X par la Commission de contrôle, sont interdits aux mineurs en application de la loi de 1975 et ne peuvent être projetés que dans des salles spécialisées. Par ailleurs, ils sont soumis à une forte taxation et à l'interdiction de publicité.

ZOOM Objectif à focale variable qui permet de passer du grand angulaire à une longue focale, le zoom permet de réaliser des travellings optiques, sans déplacement de la caméra. Il semblerait que le premier film de fiction à avoir employé un zoom soit une comédie de 1927 (*It*, de Clarence Badger), mais c'est à la fin de la Seconde Guerre mondiale que la qualité de l'objectif s'améliore. À partir de 1956, son perfectionnement lui vaut un usage intensif par la télévision ; les amateurs en découvrent l'effet « magique » et le cinéma s'en empare, de Luchino Visconti, amateur des effets de zoom qu'il réalisait jusque-là en travelling (*Les Amants diaboliques*, 1942), qui l'utilise la première fois dans *Sandra* (1965), à Stanley Kubrick (*Barry Lyndon*, 1975) et Robert Altman. Le zoom est délaissé un temps, dans les années 1980, en raison des abus liés aux voyants coups de zoom de la télévision et des amateurs.

▶ Travelling.

Bibliographie

Dictionnaires

AUMONT Jacques, MARIE Michel, *Dictionnaire théorique et critique du cinéma*, Paris, Armand Colin, 2e éd., 2008.

DEMONTVALON Christine, *Les Mots du cinéma*, Paris, Belin, 1987.

GARDIES André, BESSALEL Jean, *200 mots clés de la théorie du cinéma*, Paris, Cerf, 1992.

MAGNY Joël, *Vocabulaires du cinéma*, Paris, Cahiers du cinéma/CNDP, 2006.

PASSEK Jean-Loup (sous la dir.), *Dictionnaire du cinéma*, Paris, Larousse, 2e éd., 2001.

PINEL Vincent, *Dictionnaire technique du cinéma*, Paris, Armand Colin, 2e éd., 2008.

VIRMAUX Alain et Odette, *Dictionnaire du cinéma mondial*, Paris, Éditions du Rocher, 1994.

Ouvrages généraux

AUMONT Jacques, *L'Image*, Paris, Armand Colin, 3e éd., 2011.

AUMONT Jacques, BERGALA Alain, MARIE Michel, VERNET Marc, *Esthétique du film*, Paris, Armand Colin, 3e éd., 2008.

AUMONT Jacques, MARIE Michel, *L'Analyse des films*, Paris, Nathan, 1988 ; Armand Colin, 2e éd., 2004.

BAZIN André, *Qu'est-ce que le cinéma ?*, Paris, Cerf, 1958-1962.

CASETTI Francesco, *Les Théories du cinéma depuis 1945*, Paris, Nathan, 1995 ; Armand Colin, 2005.

CHION Michel, *L'Audio-vision. Son et image au cinéma*, Paris, Nathan, 1990 ; Armand Colin, 3e éd., 2013.

Creton Laurent, *Économie du cinéma. Perspectives stratégiques*, Paris, Armand Colin, 5e éd., 2014.

Gaudreault André, Jost François, *Le Récit cinématographique*, Paris, Nathan, 1990 ; Armand Colin, 2005.

Joly Martine, *Introduction à l'analyse de l'image*, Paris, Nathan, 1994 ; Armand Colin, 3e éd., 2015.

Metz Christian, *Essais sur la signification au cinéma*, Paris, Klincksieck, 1978-1981 ; *Langage et cinéma*, Paris, Albatros, 1977 ; *Le Signifiant imaginaire*, Paris, UGE, 1977.

Odin Roger, *Cinéma et production de sens*, Paris, Armand Colin, 1990.

Vanoye Francis, *Récit écrit, récit filmique*, Paris, Nathan, 1989 ; Armand Colin, 2005.

Vanoye Francis, Frey Francis, Goliot-Lété Anne, *Le Cinéma*, Paris, Nathan, 2012.

Composé par Nord Compo Multimédia
7, rue de Fives, 59650 Villeneuve-d'Ascq

260163 - (II) - OSB 90° - NOC - EMR

JOUVE
1, rue du Docteur Sauvé, 53100 MAYENNE
N° 2520582A
Dépôt légal : mai 2015
Suite du tirage : mars 2017

Imprimé en France